U0515619

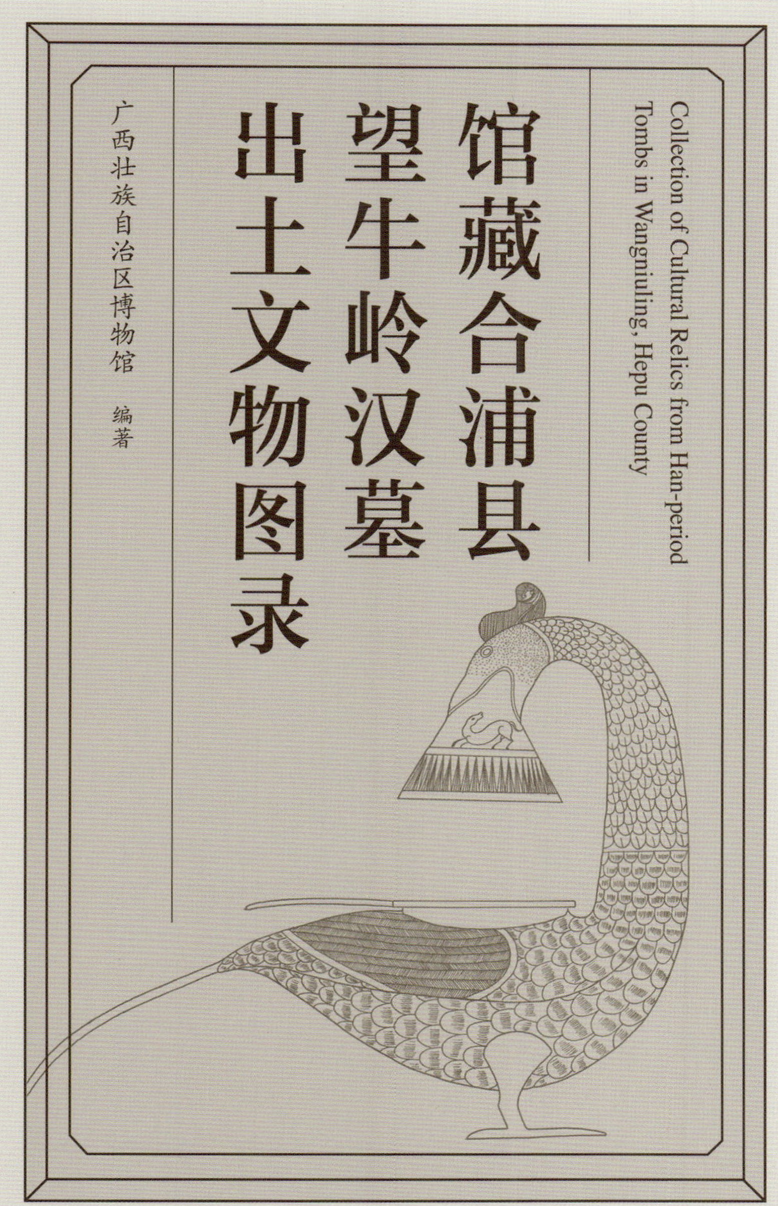

馆藏合浦县望牛岭汉墓出土文物图录

Collection of Cultural Relics from Han-period Tombs in Wangniuling, Hepu County

广西壮族自治区博物馆 编著

文物出版社

图书在版编目（CIP）数据

馆藏合浦县望牛岭汉墓出土文物图录 = Collection of cultural relics from Han-period Tombs in Wangniuling, Hepu County / 广西壮族自治区博物馆编著. -- 北京：文物出版社，2023.9

ISBN 978-7-5010-8194-3

Ⅰ. ①馆… Ⅱ. ①广… Ⅲ. ①汉墓—出土文物—合浦县—图录 Ⅳ. ① K878.82

中国国家版本馆 CIP 数据核字（2023）第 175250 号

馆藏合浦县望牛岭汉墓出土文物图录

Collection of cultural relics from Han-period Tombs in Wangniuling, Hepu County

广西壮族自治区博物馆　编著

责任编辑：崔叶舟
书籍设计：特木热
责任印制：张　丽
出版发行：文物出版社
社　　址：北京市东城区东直门内北小街 2 号楼
邮　　编：100007
网　　址：http://www.wenwu.com
经　　销：新华书店
印　　刷：河北鹏润印刷有限公司
开　　本：889 mm × 1194 mm　1/16
印　　张：15.5
字　　数：372 千字
版　　次：2023 年 9 月第 1 版
印　　次：2023 年 9 月第 1 次印刷
书　　号：ISBN 978-7-5010-8194-3
定　　价：360.00 元

目录

序

合浦县地处祖国南疆，属岭南地区，在先秦时期是百越族群聚居地之一。自秦始皇统一岭南，分置桂林郡、南海郡和象郡，合浦地区属于象郡管辖，正式归于中央王朝统治。汉初，合浦为南越国属地。元鼎六年（公元前 111 年），汉武帝平定此前割据岭南的南越国，将岭南分为南海、珠崖、儋耳、苍梧、郁林、合浦、交趾、九真、日南等九郡，统辖于交趾刺史部。合浦郡县的设置，使合浦郡迅速成为岭南政治、经济、文化和军事中心之一，更成为沟通岭南和中原、中原同海外的重要海陆枢纽。

现存规模宏大的汉墓群，是合浦曾经繁华的历史见证。合浦汉墓群分布于广西北海市合浦县城区及北、东、南三面的丘陵地带，环绕汉代合浦郡治所在的草鞋村遗址呈扇形分布，分布范围近 69 平方千米，是国内保存较好的汉代墓葬群。1971 年为配合防空洞建设，在合浦县城东南郊的望牛岭，对当时合浦县炮竹厂范围内发现汉代墓葬两座（分别编号为 M1、M2），进行考古发掘清理。其中，望牛岭一号墓（M1）是合浦汉代墓葬群中的重要墓葬之一，也是新中国成立以来广西首次发现的大型汉代墓葬。其规模宏大，结构复杂，随葬品数量多且类型丰富。该墓出土的以铜凤灯为代表的錾刻青铜器和“九真府”铭陶提筒、金饼、玻璃珠及其他宝石珠饰等，先后多次在国内外展出，获得了社会各界的高度关注。二号墓（M2）位于一号墓主室东南侧，由墓道和墓室组成，平面呈“凸”字形。墓中随葬品数量不多，但亦不乏玻璃、玉石类等舶来的珍贵文物。这两座墓葬不仅为我们研究汉代广西地区的政治、经济、文化与对外交往等方面提供了翔实而珍贵的物质文化资料，同时也印证了史书关于合浦作为汉代海上丝绸之路始发港的记载，成为我国汉代海上丝绸之路贸易繁荣的重要实物见证。

望牛岭一号、二号墓发掘出土的文物一直由广西壮族自治区博物馆保管收藏。其中一号墓的考古发掘简报自 1972 年在《考古》期刊上公开发表以来，便成为日后围绕望牛岭汉墓开展相关研究的基础。囿于当时篇幅及其他客观条件，简报中选取部分重要器物以线图展示为主，文物照片较少。至于二号墓的相关资料，则因种种原因未能及时公开。两座墓出土的部分精美文物虽也常出现在国内外各类大展、特展或图书中，但更多是服务于展览或图书内容，与墓葬本身及墓中其他出土文物关联不够。长期以来，学者及公众对于望牛岭汉墓并未能有一个直观全面的了解。

为更好地保护、利用和传承历史文化，积极配合“海上丝绸之路·北海史迹”申遗工作，广西壮族自治区博物馆重启对馆藏合浦县望牛岭汉墓出土文物的资料整理与研究工作。包括对在库文物基础数据整理，照片重拍以及对围绕这些文物开展的保护、研究、展示及宣传推广、文创开发等活动进行梳理。同时将整理与研究的初步成果，通过文物图录的形式，将两座墓葬出土文物的基础信息及高清照片结集出版，以期为读者提供一个更为直观、全面了解两座墓葬基础信息的窗口。这是馆藏合浦县望牛岭汉墓出土文物第一次较为完整地展示于公众面前，部分文物为首次亮相。

距离望牛岭汉墓第一次发掘已过去五十余年，我们希望通过这本图录，从不同的视角，继续挖掘望牛岭汉墓背后的故事，引发学者及公众对广西古代文化、汉代历史以及海上丝绸之路文化遗产等更多的兴趣与关注。对望牛岭汉墓的发掘、保护和研究还在继续，这一汉代的物质精神文明宝库仍将焕发勃勃生机！

壹

望牛岭汉墓的发现与研究

（一）墓葬概况

望牛岭汉墓在合浦县东南郊，距当时合浦县城约 2 千米，位于合浦县炮竹厂范围内。1970 年 7 月，合浦县炮竹厂组织人员进行防空洞基建挖掘时发现了该墓葬。经当时的自治区文化局派人调查，报上级批准后，广西壮族自治区博物馆派相关工作人员在 1971 年 10 月开始对该墓葬进行发掘清理。这次发掘发现有墓葬 2 座，分别编号为望牛岭 M1 和望牛岭 M2，发掘时两座墓所在地地表远观为一小土丘，应为残存的墓葬封土（图 1-1）。

根据相关资料、墓葬平面图（图 1-2）和发掘时的照片（图 1-3），可知望牛岭 M1 是一座大型竖穴土坑木椁墓，全长 25.8 米，最宽处 14 米，由墓道、甬道、南北耳室、主室组成，平面呈“干”字形。墓葬南、北耳室和主室都有木椁结构，墓葬随葬器物集中在南耳室、北耳室和主室三个椁室内。北耳室木椁内出土主要是车马器，应是模仿车库马厩一类设施。南耳室木椁内出土器物以铜质或陶质容器和炊具、陶俑、模型明器为主，主室木椁内出土以日用杂器、铜或漆质容器、模型明器等器物为主。可知南耳室与主室应是模仿生人居室一类设施。墓主人棺位于主室木椁后端中部，棺内集中出土珠饰、兵器等墓主人生前的贴身物品。M1 的发掘资料经整理后已于 1972 年在《考古》期刊上公开发表考古简报，简报中根据墓葬规模和随葬品数量及精美程度，推测墓主人是西汉晚期合浦地区的郡县官吏或地方豪强。墓

图 1-1 望牛岭汉墓地表封土原状 (a)

图 1-1 望牛岭汉墓地表封土原状 (b)

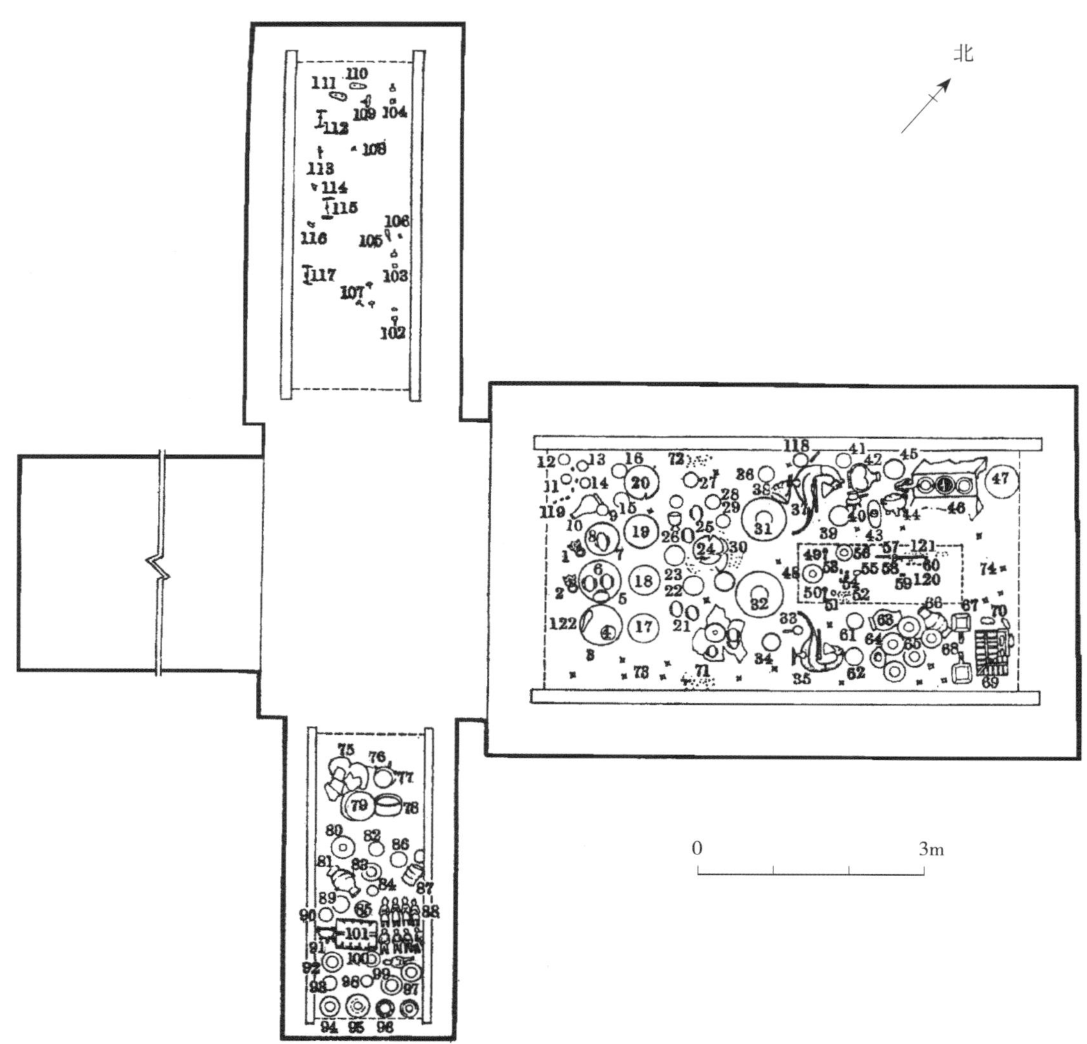

图 1-2 望牛岭 1 号墓平面图[1]

1、2.铺首环 3、5.熊足铜盘 4.铜座灯 6、8、21、25.残漆耳杯 7、19.人足铜盘 9、29.铜碗 10.铜长颈壶 11～14.铜镇 15、16.铜奁 17、18、20、47.残漆盘 22、23.残漆奁 24.残漆盒 26.铜高足杯 27、28.铜鉴 30.金平脱箔片 31、32.铜博山炉 33、35、37.铜凤灯 34、36.铜盆 38.铜博山炉盖 39、41.小铜釜 40.铜鐎壶 42、43.铜扁壶 44、45.铜鼎 46.铜灶 48.鎏金铜壁形器 49、50.铁刀 51、58.金饼 52、60、72.五铢钱 53.玛瑙耳塞 54.玉鼻塞 55.玉琀 56.铜镜 57.铁剑 59.玉饰 61、62、65、66.铜壶 63、64.铜钫 67、68.鸭首铜方匜 69.陶屋、圈 70.陶猪 71、121.蓝玻璃串珠 73、74.鎏金铜四叶花泡钉 75.陶瓮 76、77.鸭首铜魁 78.铜锅 79.铜鉴 80、81、83、100.陶壶 82、87、89.陶提桶、桶盖 84、98.壶盖 85、86、93～97.陶罐 88.陶俑 90、91.陶鼎 92、99.陶瓿 101.铜仓 102～104.车軎 105.车軑镦 106.铜帽 107、108.铜花 110、111.当卢 109、113、114、116.车軏 115、117.衔、镳 118.铜臼、杵 119.水晶串珠 120.玛瑙、琥珀穿坠 122.铜勺

[1] 平面图、器物编号与命名采自《广西合浦西汉木椁墓》一文，正文中部分器物命名，或经考证后修改，如“奁”改为“樽”；或采用目前较为常用者，如“陶提桶”改为“陶提筒”等，与平面图中器物命名有所不同，在此说明，下不赘述。

图 1-3　望牛岭 M1 的发掘清理照片

图 1-4　望牛岭 M2 发掘时的照片

中出土的带“九真府”“九真府□器”铭文的陶提筒，进一步推测墓主人曾任汉九真郡的郡县官职。

根据当时发掘的老旧照片（图 1-4），可知望牛岭 M2 位于望牛岭 M1 主室东南侧，两墓间隔墙仅宽约 0.5 米。望牛岭 M2 是一座小型竖穴土坑木椁墓，由墓道和墓室组成，平面呈“凸”字形。随葬青铜器物集中分布在墓室前部，稍靠后处还发现有玻璃璧、料珠等器物；墓室后部偏南侧集中摆放陶器随葬品，墓室后部中间发现有铜剑、环首刀、玉剑璏等器物，推测为墓主人棺木所在位置。望牛岭M2在经发掘后，一直未进行资料整理工作，其发掘资料也还没有公开发表。

由于对望牛岭M2的发掘距今已约50年，加之当时发掘条件和保存环境都较有限，墓葬相关的文字发掘资料已经遗失，难以依靠现有的资料判断两墓关系。两墓的埋藏深度、墓葬规模、随葬品丰富程度等方面存在差异，结合岭南地区发现的西汉时期夫妇合葬墓的实例来看，可以初步排除望牛岭M1与M2为夫妇合葬墓的可能性，但有可能是同一家族成员的墓葬。

（二）关于2号墓的年代讨论

合浦望牛岭汉墓过去共发现2座。其中望牛岭M1的发掘资料已于1972年正式公开发表，见《广西合浦西汉木椁墓》[1]。在过去很长一段时间内，由于各方面发掘整理任务繁重、人手不足等，望牛岭M2的发掘资料一直收藏于广西壮族自治区博物馆库房内，未作整理研究和公开发表。

为更好地保护、利用和传承合浦汉文化，积极配合"海上丝绸之路·北海史迹"申遗工作，广西壮族自治区博物馆重启对合浦望牛岭汉墓项目的研究，其中对合浦望牛岭M2发掘资料的整理是项目的重要组成部分。现将望牛岭M2的发掘资料整理报道如下。

1. 墓葬形制与规模

因过去的老旧库房保存条件有限，望牛岭M2相关的纸质资料，包括工作日记、遗迹发掘记录、图纸等均已残损遗失，所以M2的相关形制规模数据也随之丢失。幸运的是，馆内仍保存有部分当时发掘的老旧黑白照片。通过保存下来的旧照片，结合参与发掘人员的口述回顾，以望牛岭M1为参照对象，可大致推测出M2的形制、规模等。

从旧照片看，M2位于M1主室东南侧，两墓相距约0.5米。M2由墓道和墓室组成，平面呈"凸"字形，其中墓道为斜坡式，被M1南耳室打破。墓室呈长方形，长约4.7米，宽约2.8米，深约5米。M2的墓壁较直，墓底较平整，墓室两侧各有一条纵贯两端的枕木沟。葬具残朽，木椁痕迹不清晰，墓室后部有一炭灰集中区域，分布有铜剑、环首刀、玉剑璏等遗物，推测为木质棺具残朽后的痕迹。根据铜剑的朝向，判断墓主头向朝西南，和墓门方向相同，与M1情况相似。葬式不详。

M2的随葬品数量不多，主要有铜器、陶器、玉石器和玻璃器等。发掘清理时随葬品位置如下：墓室前部分布有铜钫、铜壶、铜釜、铜锜等铜器，墓室前部稍后分布有铜镜、石黛砚、玻璃璧、玻璃珠、玛瑙珠等器物；墓室后部偏南处分布有陶罐等器物，中间是木棺所在

[1] 广西壮族自治区文物考古写作小组：《广西合浦西汉木椁墓》，《考古》1972年第5期。

图 2-1　望牛岭 M2 器物分布图

处，分布有铜剑、铁环首刀、玉剑璏等器物。根据望牛岭 M1 的器物出土情况来看，玻璃璧、料珠串饰和红玉髓饰品等器物多是放置在棺内作为墓主人的装饰品来随葬，M2 中可能是因墓葬葬具残朽严重，使得棺内的部分随葬品位置发生了位移（图 2-1）。

2. 随葬器物

望牛岭 M2 出土随葬器物较少，共计 23 件，有铜器、陶器、铁器、玉石器及珠饰品五类。

（1）铜器

共 7 件，器形有钫、壶、釜、锜、镜、剑。

钫　1 件（M2：2）。器表锈蚀严重，方口，方座，口部及底部因被挤压变形，器腹呈椭圆形，有一对半环形耳，耳上模印兽面铺首。口边长 6.6、底边长 7.4、高 18.8 厘米（图 2-2，1）。

壶　1 件（M2：3）。直口，束颈，球状腹，圈足略外撇，上腹部饰一周凸弦纹和一对铺首衔环。口径 6.5、底径 9、高 17.5 厘米（图 2-2，2）。

釜　2 件。根据器型分双耳釜和异型釜。

双耳釜　1 件（M2：4）。广口，扁圆腹，圜底，腹部饰一周凸弦纹和一对环形耳。口径 9.2、底径 6.2、高 8.2 厘米（图 2-2，3）。

异型釜　1 件（M2：5）。直口，鼓腹内收，小平底，上腹部饰一对半环形耳，中腹部有一周凸平沿。口径 6.2、底径 4.4、高 9.0 厘米（图 2-2，4）。

锜　1 件（M2：6）。敞口，束颈，

扁圆腹，平底，三蹄足，上腹饰一周弦纹，带扁方銎柄。口径 9、高 15.5、把长 5.8 厘米（图 2-2，5）。

镜 1件（M2：7）。镜身残损严重。素平宽缘，圆形钮座，钮外内区饰一周凸弦纹和凸宽带纹，外区两侧各饰一周凸弦纹，弦纹内有一周铭文，为“内青……象……塞不……”根据国内其他地方汉墓出土的同类型铜镜，铭文可以复原为：“内清质以昭明，光辉象夫日月，心忽扬而愿忠，然壅塞（而）不泄”。铜镜直径 10.1 厘米。

剑 1件（M2：8）。圆形剑首，扁条形茎，蝠状玉剑格，饰线刻变体卷云纹，剑身狭长，有脊。出土时附有玉剑璏。长 100.3、最宽 3.6 厘米（图 2-2，6）。

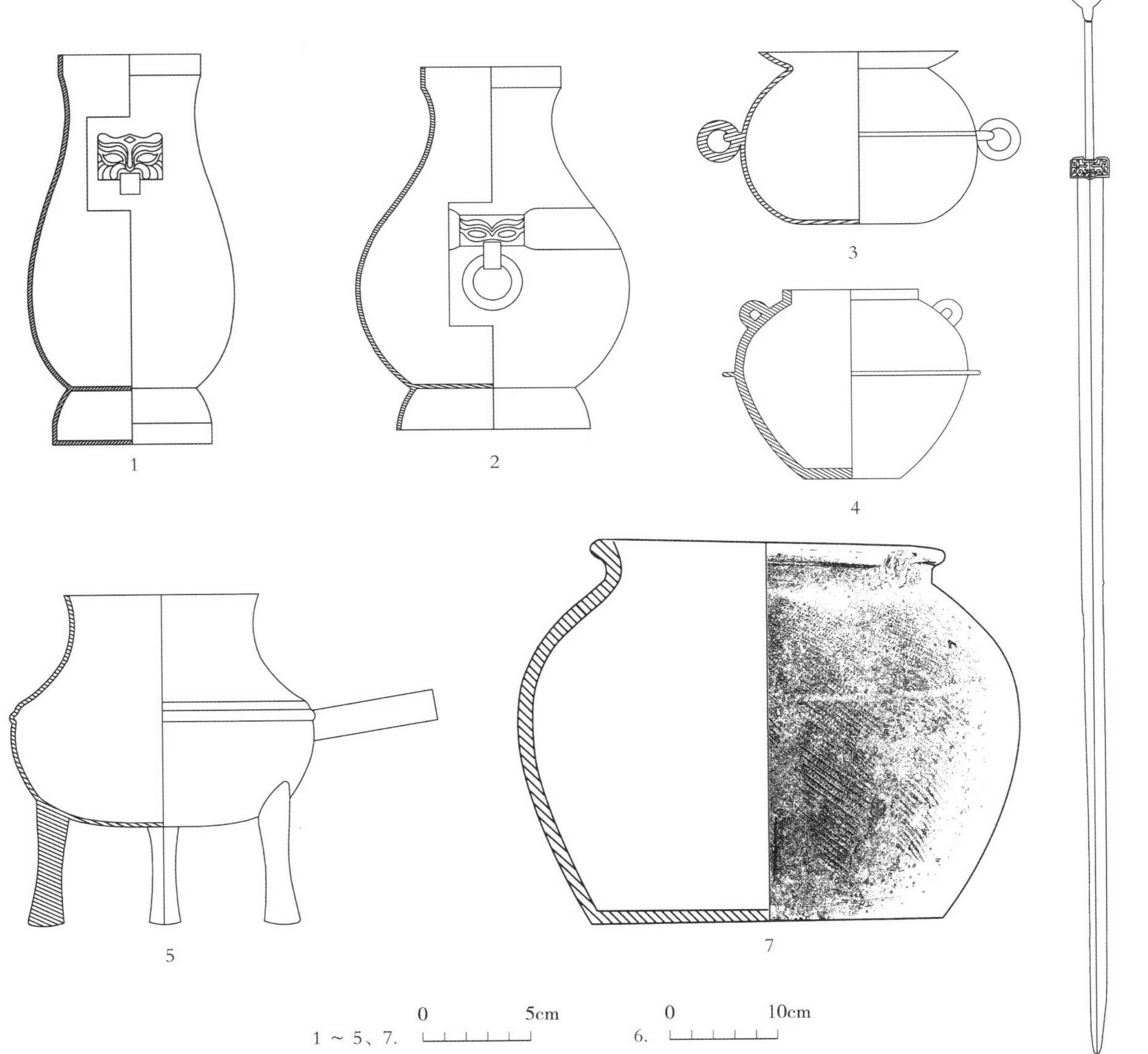

图 2-2 望牛岭 M2 出土铜器和陶器

1. 铜钫（M2：2） 2. 铜壶（M2：3） 3. 铜双耳釜（M2：4） 4. 铜异型釜（M2：5） 5. 铜锜（M2：6） 6. 铜剑（M2：8） 7. 陶罐（M2：1）

（2）陶器

从发掘时的老旧照片看，墓中原来应有数件陶器随葬，但大都残损严重，保存极差，仅有1件陶罐保存较为完整。

陶罐　1件(M2:1)。泥质灰陶，敞口，卷沿，矮直领，鼓腹，平底。器物腹部通体装饰以方格纹作地纹、上拍印圆形戳印的几何图形印纹，圆形戳印外绕二周作为边框，内以“十”直线将圆的平面分为四区，各区布以三重套叠三角线形纹。口径16.3、底径16.5、高18.5厘米(图2-2,7)。

（3）铁器

共1件，为铁环首刀（M2：9）。器身锈蚀严重，呈狭长形，一端有环首。长19厘米。

（4）玉石器

共5件，分别有玉剑璲、玉管、石黛砚、石环。

玉剑璏　1件（M2：10）。白玉质，正面呈长方形，面微弧，饰饕餮纹、卷云纹，两端出沿向内翻卷，背有长方形穿。长11、宽2.4厘米。（图2-3,1）

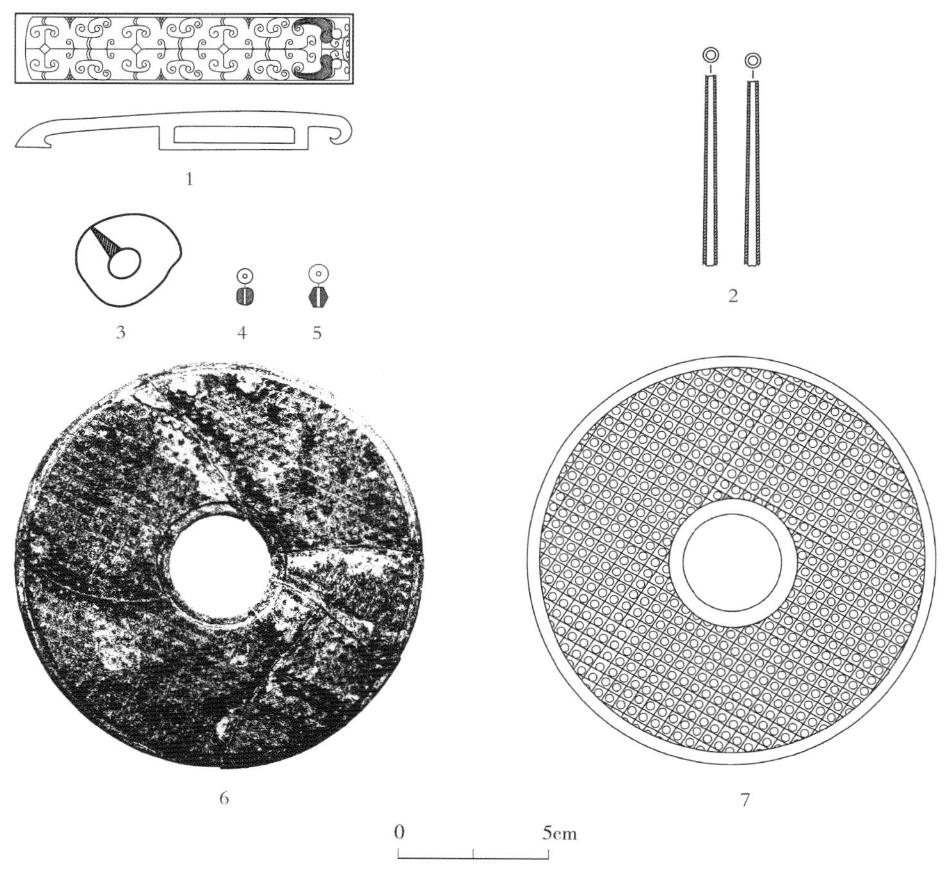

图2-3　望牛岭M2出土的玉石器、玻璃器

1. 玉剑璏（M2：10）　2. 玉管（M2：11-1、11-2）　3. 石环（M2：13）　4、5. 玻璃珠（M2：16、17）　6、7. 玻璃璧（M2：14）

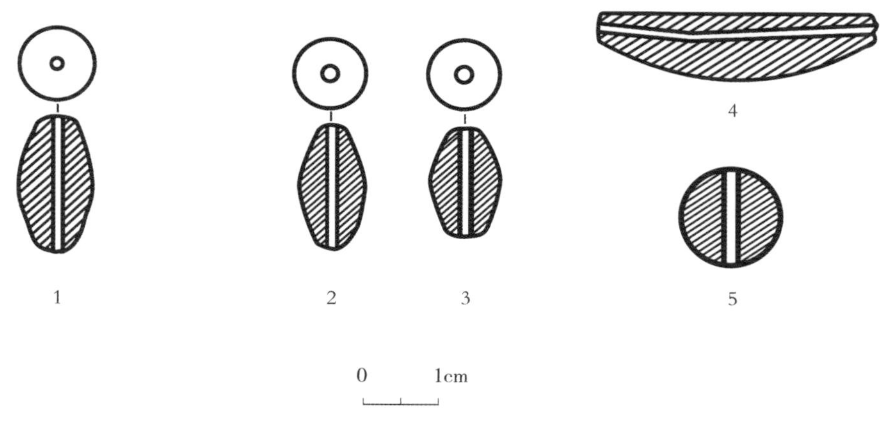

图 2-4 望牛岭 M2 出土的红玉髓珠

1、2、3. 橄榄形（M2：18、19、20） 4. 弓形（M2：21） 5. 球形（M2：22）

玉管 2件（M2：11）。均为白玉质，圆筒状，中空。分别长 6.3、6.5 厘米（图 2-3,2）。

石砚 1件（M2：12）。砂岩质，圆形，正面研磨光滑，残存有红色颜料痕迹，推测为朱砂一类的矿石颜料，背面粗糙。直径 11.2、厚 0.3 厘米。

石环 1件（M2：13）。砾石，大致呈心形，中穿孔，为两面对钻穿孔而成。外径 3.5 厘米（图 2-3,3）。

（5）装饰品

共 9 件，分别有玻璃璧、玻璃珠、红玉髓珠、红玉髓戒指。

玻璃璧 1件（M2：14）。碧绿色，一面饰谷纹，一面素面，内外均有一周弦纹。直径 12.9 厘米、好径 3.2（图 2-3,6）。

玻璃珠 3串（M2：15，M2：16，M2：17），共 800 余颗。蓝色或深蓝色，透明或半透明，有圆形（图 2-3,4）或双锥形（图 2-3,5），有穿孔。最大径 0.8 厘米，大多数直径为 0.5 厘米。

红玉髓珠 5颗。有橄榄形、弓形、球形，均呈橘红色，有穿孔。橄榄形珠（图 2-4,1～3），三颗，分别长 1.9 厘米（M2：18）、1.7 厘米（M2：19）、1.5 厘米（M2：20）。弓形珠（图 2-4,4），一颗，长 3.7 厘米（M2：21）。球形珠（图 2-4,5），一颗，径 1.4 厘米（M2：22）。

红玉髓戒指 1件（M2：23）。橘红色，戒环为扁戒圈，有明显戒面，戒面中部最宽，向两端斜收，呈橄榄状，戒环上接近戒面两端处，刻有对称龙首纹饰。环径 2.3 厘米。

3. 墓葬年代

在墓葬形制方面，望牛岭 M2 为带斜坡墓道的竖穴土坑墓，墓室内纵置两条枕木沟，这种墓葬形制是岭南地区西汉墓中的常见形制。

在随葬器物方面，可以通过将望牛岭 M2 的随葬器物与已知年代器物进行比较来判断其年代。M2 出土有昭明镜，昭明镜是西汉时期十分常见的铜镜类型，流行年代主要在西汉中晚期，以西汉晚期最为盛行[1]。M2：1 陶罐与合浦文昌塔 M128：6 陶罐[2]、风门岭 M23B：52 陶罐[3]器型相近。文昌塔 M128 的年代为西汉中期，风门岭 M23B 的年代为西汉晚期偏早。其上装饰的方格纹加圆形戳印纹的几何图形印纹，是汉代岭南地区具有显著本地区文化因素的装饰纹样之一，此类纹饰多装饰于瓮、罐类器物上，主要流行于西汉时期，以圆形、方形、菱形印纹为主，戳印花纹样式繁多，东汉早期仍有零星发现，戳印花纹样式也较少。

此外，在叠压打破关系中，M2 的斜坡墓道被 M1 的南耳室打破，说明其年代早于西汉晚期的 M1。

综合上述，我们认为望牛岭 M2 的年代大概为西汉晚期偏早阶段。

4. 余论

望牛岭 M2 出土的随葬器物的来源复杂，有多种文化因素融合其中。

M2 有明显的汉文化元素，铜钫、铜壶是汉式随葬礼器组合，“鼎、盒、壶、钫”的重要组成器物，铜釜、铜锜、铜昭明镜、铜剑、玉剑璏、石黛砚、玻璃璧等器物形制也属于典型的汉文化器物。M2：14 玻璃璧，经成分检测属铅钡玻璃[4]。铅钡玻璃是战国早中期时出现的本土自创的玻璃种类，战国晚期至汉代时铅钡玻璃制品广泛分布于我国中原地区、荆楚地区等[5]，可知该玻璃璧大概率是从中原或楚地传入岭南的。

墓中也出土有带明显本地区文化元素的几何图形印纹陶罐。虽然数量很少，也体现了当时汉越文化的融合，是中华民族多元一体发展的重要例证。

《汉书·地理志》记载：“自日南障塞、徐闻、合浦船行可五月，有都元国；又船行可四月，有邑卢没国；又船行可二十余日，有谌离国；步行可十余日，有夫甘都卢国。自夫甘都卢国船行可二月余，有黄支国……有译长，属黄门，与应募者俱入海市明珠、璧流离、奇石异物，赍黄金杂缯而往……”[6] M2 中出土的玻璃珠、红玉髓珠饰等舶来品正

---

[1] 孔祥星、刘一曼：《中国古代铜镜》，北京出版社，1984 年，第 69 页。

[2] 广西文物保护与考古研究所：《广西合浦文昌塔汉墓》，文物出版社，2017 年，第 102 页。

[3] 广西壮族自治区文物工作队鞞：《合浦风门岭汉墓——2003 ~ 2005 年发掘报告》，科学出版社，2006 年，第 20 页。

[4] 刘松等：《岭南汉墓出土玻璃珠饰与汉代海上丝绸之路中外交流》，《文物保护与考古科学》2019 年第 4 期。

[5] 熊昭明：《汉代合浦港的考古学研究》，文物出版社，2018 年，第 83 页。

[6] 班固：《汉书》，中华书局，1962 年，第 1671 页。

与此段史事相呼应，有力印证了合浦港自西汉中期开始就是我国海上丝绸之路的始发港之一，是我国同东南亚、南亚各国人民友好往来和进行贸易的重要港口。

此外，过去根据望牛岭 M1 的墓葬规模及随葬品推测，该墓的墓主人可能是西汉晚期合浦地区的郡县官吏或合浦地方豪强[1]。望牛岭 M2 位于望牛岭 M1 一侧，二者位置十分靠近，且墓向一致，表明二者关系密切，过去多有猜测认为二者可能属夫妻合葬墓。但从墓葬规模、深度以及随葬品数量等方面看，M2 与 M1 存在着较大的差距，与汉代岭南地区的夫妻合葬墓情况并不相符。2021 年广西文物保护与考古研究所对望牛岭墓地进行重新发掘，望牛岭 M1 和 M2 的关系有望随着发掘工作的深入而逐渐清晰。

（三）发掘者访谈

采访者语 合浦县望牛岭 1 号西汉木椁墓（即望牛岭 M1）是新中国成立以来广西首次发现的大型汉代墓葬。其规模宏大、结构复杂，随葬品数量多且类型丰富，铜器、陶器、黄金器、玻璃器、玉石器等，无一不备。以铜凤灯为代表的錾刻青铜器和“九真府”陶提筒、金饼、玻璃珠及其他宝石珠饰等，先后多次在国内外展出，获得了社会各界的高度关注。望牛岭 1 号墓是合浦西汉晚期高等级墓葬，其不仅为我们研究汉代广西地区的政治、经济、文化与对外交往等方面提供了翔实而珍贵的物质文化资料，同时也印证了史书关于合浦作为汉代海上丝绸之路始发港的记载，成为我国汉代海上丝绸之路贸易繁荣的重要实物见证。时至今日，距离该墓首次展露于世人面前已五十余载，我们希望通过访谈当年亲历望牛岭汉墓发掘工作的老专家，揭开望牛岭 1 号墓背后的故事。

访谈时间 2021 年 10 月 9 日

访谈对象 黄启善，生于 1950 年，壮族，广西都安县人，四川大学历史系考古专业毕业，研究馆员，历任广西壮族自治区博物馆馆长、广西壮族自治区自然博物馆馆长。曾参加和主持了广西区内多地文物全面普查工作和百色旧石器、河池铜鼓、河池民间铸造铜鼓、贺州宋代钱监遗址、越南民间铸造铜鼓、越南占婆岛沙黄时代（相当于我国汉代）古玻璃遗址、日本奈良飞鸟时代（相当于我国唐代）古玻璃遗址等专题调查工作；主持永福宋代瓷窑址和永福南朝墓、全州唐朝墓以及贵港、昭平、合浦等地汉墓的发掘工作，参与主持容县下沙宋代窑和桂平市宋代瓷窑窑址等发掘工作。尤其是合浦望牛岭 1 号大型西汉墓、百色旧石器等重大发现，引起国内外学术界的高度关注。

---

[1] 广西壮族自治区文物考古写作小组：《广西合浦西汉木椁墓》，《考古》1972 年第 5 期。

采访者　李世佳、严焕香

合浦县望牛岭1号墓的具体发现过程是怎么样的?

黄启善（以下简称“黄”）：合浦县望牛岭1号墓是1970年7月份，合浦县爆竹厂在修建防空洞的时候发现的。施工队在修建防空洞时，发现夹杂有大量木炭的土面跟其他地方不太一样，这引起了他们的注意。于是，他们就先向当地公安部门报案，也向有关文化部门做了报告。当时的自治区文化局就让我们博物馆（广西壮族自治区博物馆）派员前去查看。经过现场勘察，确认为一座汉代大型土坑竖穴木椁墓，并将情况报给国家文物局。1971年10月，经国家文物局批准后，我们博物馆考古人员进场对该墓葬进行抢救性发掘。

当时参与发掘工作的都有谁？可以给我们介绍一下当时发掘现场的情况吗?

黄：当时博物馆里很多专业工作人员都在“五七干校”，所以在得到国家文物局的批准后，我馆就先把在馆的专业人员派往合浦开展工作。

最开始去发掘的是文物队的黄增庆、陈列部的潘世雄和从事文物修复的邓炽全、李举荣等人，他们在那里发掘了一

图3-1　1971年合浦望牛岭汉墓发掘现场
（前一为何乃汉，后排左起分别为邓炽全、黄启善、韦显初、方一中）

图 3-2　发掘现场的民工

段时间。后来又把从本馆派去“五七干校”劳动的考古专家方一中先生调回来参加发掘。我则是在 1971 年 11 月底，被招进博物馆工作报到不久，就接到通知说让我前往合浦参加发掘工作。此外，时任领导小组组长（相当于博物馆馆长）的何乃汉以及文物修复的韦显初也都参加过该墓的发掘。除了上面提到的八名专业人员，当时考古工地上还有合浦本地约三十名民工参与本次发掘工作。

望牛岭 1 号汉墓全长 25.8 米，最宽处 14 米，深 8.8 米；封土堆呈馒头形，直径 40 米，高 5 米。该墓设有墓道、甬道、主室和两个耳室，有椁有棺。经过一个多月的发掘，封土已被揭开，露出墓口，可以进入墓室发掘。随着发掘工作的深入，不得不在墓边逐级建造土台阶梯，人需沿着狭小的阶梯艰难地肩挑填土向上爬。墓室内的填土与封土不同，木椁外围用原坑红色沙土和木炭各 15 层，依次交替填充夯实。填土自上而下逐渐减少，而填炭则与之相反，自上而下逐渐加量,越往下越厚,炭层厚达30~40厘米。墓底则是先铺一层厚炭，在炭上再铺白膏土，在白膏土层上面再厚铺一层非常细的白沙，白沙层上铺木椁板并建造木椁室。木板虽朽，从遗痕仍依稀可辨其呈方形，边长为 30～40 厘米。所有出土文物，都要在原位不动地等待考古技术人员绘图、编号、照相之后，才能一件一件地提取、包装再送到室内进行整理。

那时我们在勘探、揭封土和清理墓室时所用的工具其实和现在所用的没有什么太大区别。洛阳铲用于勘探，一般的铁锄、铁铲等用于清理揭露，还有一些扁担、簸箕作为担土、运土工具。到了墓室清理阶段，尤其是清理墓室内的文物时，则是使用竹签、毛刷、平头小手铲、羊角小手锄等清理文物必备的工具。考古人员亲自动手，细心慢作地清理文物，民工则将清理出来的土收运。整个工地最现代化的一台设备，就是用于拍照记录的上海海鸥牌120式照相机，现在我们看到的很多关于望牛岭汉墓的照片，就是用这台胶卷相机拍的。

望牛岭 2 号墓是如何发现的？都出土了哪些重要文物？与 1 号墓有什么联系？

黄：2 号墓是在 1 号墓发掘到底的时候，在 1 号墓旁边发现的。2 号墓出土的随葬品以陶器居多，完整器甚少，几乎都是碎片，其中有一块玻璃璧，比较少见，出土时也是碎成了好几块。这块玻璃璧和中原常见的玉璧相似，通体呈绿色，半透明，一面为谷纹，另一面光滑平整。这件玻璃器后来经过检测，其成分为铅钡玻璃，属于我国古代玻璃体系。这块玻璃璧大概率是中原或楚地制作，并经长沙进入广西。

有人曾提出疑问，这两座墓有没有可能是夫妻合葬墓。从两处墓葬的位置来看，2 号墓与 1 号墓之间肯定是有关系的，但受限于当时的条件和其他因素的影响，没有彻底弄清楚它们之间的叠压打破关系，所以也没法确定是不是夫妻合葬墓。现在望牛岭汉墓的发掘工作又重新开展起来了，希望年轻一代的同志能借助现代科技手段和不断完备的考古学研究体系来解答 1 号墓和 2 号墓之间的关系。

发掘过程中，您印象最深的是什么？

黄：印象最深刻的，一是当时各方面的条件都是比较艰苦的。我还记得我是 1970 年 11 月 26 日，和几位老乡一起被招到博物馆工作。报到的第二天，馆办就通知我做好到合浦出差的准备。11 月 28 日是星期日，我趁着周末和同来的老乡一起上街，采购了一些到合浦出差要用的生活品。第二天一大早，我洗漱完毕，把棉被、蚊帐、提桶等出差必备的物件收拾好，整装待发。在当时驻博物馆工宣队姜师傅的带领下，我们乘坐人力脚踏三轮车到南宁汽车总站。上午 7 时 40 分，汽车准时出发，离开南宁市区后，在蜿蜒又凹凸不平的沙石公路上颠簸行驶。至下午近 5 时才到达合浦汽车站。下车后，我们又换乘人力三轮车前往离考古工地很近的合浦县爆竹厂。合浦县爆竹厂位于望牛岭岭底南侧，考古工地在岭顶。该厂为满足发掘古墓的需要，当时专门腾出了工人宿舍里面的两张木架床，我们到工地后便住在这里。21岁的我，就这样开始接触到考古发掘工作。白天，我们背朝天、顶烈日，在工地开展考古发掘工作，晚上还要当“守墓人”。为了确保文物安全，考古人员晚上也要值班。由于岭上风沙大，加上冬夜刺骨的海风袭击，让人倍感寒冷，只好躲入墓室御寒。困了，就把白天民工用的铁锄、铁铲摆在墓道上，拼凑临时的“床铺”躺下休息片刻。考古发掘队平日在爆竹厂食堂吃饭，当时伙食极差，一般就是一碗米饭加5分钱的菜，有时候去晚了就只能吃素菜。为此，我们偶尔会骑上自行车，到约10公里外县城的一家狗肉店去改善伙食，3毛钱买一盅狗肉吃。好运时盅内能有两块无骨的狗肉，运气差时也可能只有两块狗骨头，但这是我们增强体力的唯一途径。

另一个印象最深刻的，就是望牛岭汉墓出土铜凤灯的场景。当时老方（方一中）和小李（李举荣）在主棺位置清理，邓师傅（邓炽全）在主棺头端外围清理，我在主棺脚端外围清理。经过数日的清理，人已腰酸背痛，而发现的都是被压碎了的一堆堆烂铜片，难免有些提不起劲。墓室内的文物清理工作还在继续，我在一堆碎铜旁精剔细挑，把附在铜片上的腐土黑泥清除。有一件文物逐渐露出弯弯的铜管，铜管连接的腹腔已被压扁，破碎得不成样子。

“这是什么东西？”站在我后面的“白公子”好奇地引颈直问。这位“白公子”是当时民工中有一位已过而立之年仍独身的男士，虽其貌不扬，但十分逗人，一到工地就说笑不停。他每天都是穿着白衣、白裤、白鞋来工地，因此，民工们给他起了绰号——“白公子”。“我也不知道。”在我回答的同时，方一中虽也凑过来仔细观察，但也道不出所以然，而铜管外壁錾刻着十分精细的羽状纹却引起他的高度重视。他不停地自喃：“好东西！好东西！”站在后面的“白公子”又说话了：“老专家，那是什么东西？”方一中说：“目前还不知道。”“我看可能是夜壶吧？”“白公子”的一句话引众人哄然大笑。我无暇多思，换位到对面继续清理。这时，又发现一个铜管，与对面那弯曲铜管相似，“白公子”又观察了一番：“哎呀！又发现一个夜壶啦！”他那幽默的言语又引起坑口围观者的一阵骚动，他们用廉州土话不停地对话，有说有笑，异常热闹。随着淤泥不断被清除，铜管的头端逐渐暴露出鸟头，鸟嘴含着喇叭形灯罩。外壁也同样有錾刻十分精细的羽状纹。再往下清理，其腹腔虽也被压扁破碎，但其外形依稀可辨，随着鸟尾、鸟足、灯盏等部件的露出，可知它与刚出土的铜管是一类的。经修复后，确认这是一对凤鸟造型的铜灯。

如果请您从望牛岭汉墓出土的文物中，挑选一件或者一类文物进

行介绍，您会如何选择？

黄：望牛岭 1 号墓中出土的文物，要数铜凤灯最为突出。两个铜凤灯分别被置放于墓主棺材外脚端的两侧。由于木椁朽塌，铜凤灯和其他随葬品一样被压坏。其中一个铜凤灯的灯罩已不见，那凤头已落地，赤条条的颈部如同被剥了皮的鸭脖子一样竖露，腹部已被压扁，灯盏跌落一旁不成样子，更没有凤鸟之丽姿。另一个铜凤灯虽首颈相连，但已倒地侧卧，灯盏跌落一旁，腹部也被压扁，铜片破碎锈蚀，形似一堆废铜。如果不是凤鸟嘴仍保持原来的喇叭形灯罩，也就难于辨认其原形了，更不可能有今天被还原的姿态。

两个已残缺了的铜凤灯经北京故宫博物院修复部门工作人员的妙手，恢复了其原有美丽的造型，使人们得以看

图 3-3　望牛岭 1 号墓铜凤灯（左下）出土时情况

到了它们原来的面貌。原来，铜凤灯为雌雄一对，造型为昂首回望的凤鸟，高33厘米，长42厘米，凤鸟作站立姿态，凤颈上伸并向后弯转，鸟嘴衔喇叭形灯际彩罩，双足站立，尾巴下弯垂地，与双足形成三足鼎立之势，既支撑了灯身，也保证了灯身不倒，显得稳重大方。头、冠、颈、翅、尾、足，各个部位轮廓清晰，比例匀称，通体錾刻精致的羽毛，高雅华贵。凤鸟背部置一盏眼，放置一件长柄铜灯盏。灯盏内底中心有一颗钉状凸起的灯芯，铜凤鸟颈部由两段子母管套接，可以自由转动和拆卸，便于调节灯光和冲洗体内烟尘，鸟嘴衔着喇叭形灯罩，垂直对准灯盏上方，灯罩、颈部、腹腔三连通，腹腔内空，可以贮水。当灯盏中的燃料点燃时，冒出的油烟经灯罩进入颈管并进入腹腔，最后溶于水中。这种设计构思精巧，造型优美，既能够用于照明，又可以防止烛烟污染空气，保持了室内的清洁卫生。这是世界上十分难得的早期环保产品，也是汉代青铜灯具中罕见的艺术珍品。

1972年，广西电影制片厂也到发掘现场拍摄视频，制成新闻纪录片进行宣传。《广西日报》也于1972年2月19日的第四版，用整版篇幅报道合浦望牛岭一号汉墓发掘情况及新出土文物的部分照片。铜凤灯的照片也被刊登在最显眼之处。从1976年起，这对铜凤灯多次漂洋过海，到法国、日本、罗马尼亚、南斯拉夫、墨西哥、荷兰、比利时、挪威等国展出，名扬四海。2004年，为庆祝广西壮族自治区博物馆成立70周年，我馆以铜凤灯为题材制作纪念章，我们的馆徽也是以凤灯为设计灵感和原型。我觉得在今后新的展览展示中，应该对铜凤灯的展示手段不断优化提升。现在有很多新技术，如动画、三维等，可以多采用这些新技术对凤灯的纹饰、功用等进行动态演示、展示，真正做到让文物活起来，让文物说话。

我们从老照片中看到有很多围观民众，当时民众对考古工作的态度是怎样的？

黄：当时民众思想都很纯朴，对考古工作的态度是热情的、支持的，但更多的是好奇。由于大量的铜器都鎏金，露土时，在日光照射下的金平脱箔片、鎏金铜器等器物都闪闪发光，使得在墓口的围观者不时地呼喊：“黄金！黄金……”围观者中有些来自合浦县城廉州镇及其周边的居民，他们纷纷赶来目睹奇珍异宝，在岭下的合浦县爆竹厂工人，下班之后也奔来观看，有的人还把饭带上，边吃边看，天天如此，总怕错过好东西。像刚才提到的那位“白公子”，他有时虽未到考古工地干活，但仍会去发掘现场转悠几圈，偶尔还帮忙维护现场秩序，向围观者讲解发掘中的奇闻趣事。

您认为合浦县望牛岭汉墓与古代海上丝绸之路有什么联系？

黄：合浦望牛岭汉墓出土许多海外的商品，这对了解合浦汉代海上丝绸之路的政治、历史、文化、经济、商品贸易等方面内容都具有十分重要的意义。我们可以从两个方面来探讨。

一是文献记载。

《汉书·地理志》记载，汉武帝派属于黄门的译长招聘“应募者”组成官方船队，从合浦乘船出海，可达现在属于东南亚、南亚的都元国（今马来西亚半岛西南沿海）、邑卢没国（今缅甸南海岸）、谌离国（今缅甸西南海岸）、夫甘都卢国（今缅甸浦甘城附近）、黄支国（今印度东南海岸）等地，出海时带上黄金、丝绸而去，购买夜明珠、璧琉璃等奇石异物而回。

二是出土文物。

1970 年合浦县望牛岭 1 号西汉大型墓葬的发现，为研究我国海上丝绸之路的发展历史提供了更多的考古实物资料。这座墓出土的铜器、铁器、陶器、漆器、金器和水晶、玛瑙、玻璃、琥珀饰品等文物，都有力地证明了汉代合浦与海上丝绸之路的密切关系。有些文物是举世无双的，十分珍贵，其中有两件陶提筒，引起科研考古人员的关注。

两件陶提筒大小相同，内壁分别有“九真府”和“九真府□器”朱书文字。其中“九真府”陶提筒保存完整，高 32 厘米，口径 24 厘米，底径 22 厘米，器身圆筒状，子口合盖，盖有双片纽，盖面饰篦纹和弦纹四道。腹部有弦纹一道，两侧有耳。矮圈足，圈足有对称的双孔，以穿绳带。这两件如此大型的铭文陶提筒，除了反映出当时陶制品的生产工艺达到了一个新的水平之外，还有可能为考证墓主人的身份提供资料。

九真郡是汉武帝于元鼎六年（公元前 111 年）平定南越后设置的岭南九郡[1]之一。合浦郡与交趾、九真、日南三郡相近，更是三郡进入中原的必经之路，在汉代，许多重大的历史事件都将合浦郡与九真郡连在一起。

九真郡的地理位置在今越南的清化、义安、河静一带。“九真府”就是九真郡的府城，是当时九真郡的政治、经济、军事、文化中心。提筒上的朱书隶体“九真府”文字，显然是官署用器。考古工作者由此推测合浦县望牛岭 1 号西汉大型墓墓主人，生前可能是九真郡太守。墓中出土的琥珀私印，印文为“庸毋印”三字，当为墓主人之姓名。有学者考究，认为庸姓乃来自中原，《尚书》记载，“武王伐纣，庸首会焉”，郑樵《通志》记载，“商时侯国，武王时来助伐纣，今房州西二百五十里故上庸城是，文十六年楚灭之，子孙以国为氏”[2]。上庸故城在今湖北省竹山县上庸镇，战国时有庸芮，汉代有庸谭等，庸毋与上所说是否有关联，期待人们有着新的发现与补充。

[1] 岭南九郡分别是南海郡、苍梧郡、郁林郡、合浦郡、交趾郡、九真郡、日南郡、珠崖郡、儋耳郡。

[2] 郑樵：《通志》，中华书局，1987 年，第 453 页。

汉代合浦郡与九真郡的交往密切，经贸交流，官员升迁，进入九真、日南、交趾者，大都要经过合浦，这就是历史上著名的廉州水路。廉州水路一直延续至宋元间。宋代，为了加强廉州水路的管理，朝廷还专门在廉州设置了“太平军传舍”作为负责接待安南（今越南）使臣的机构。在汉代，派往九真、日南、交趾的官员多来自中原，他们之中因某些原因客死合浦而葬于此地的现象是时有发生的，如与马援一起征交趾的楼船将军段志等。某位九真郡太守在升迁途中客死合浦，就地安葬，他生前的器物随之葬于墓中，也是有可能的。这和同在望牛岭 1 号墓出土的“庸毋印”，及其他汉墓中出土的“劳邑执刲”印、“徐闻令印”、“陈褒印”一样，其主人是谁，这些都是未解之谜。近几年，国家对文博工作愈加重视，期待新一代的文博工作者继续肩负使命，利用好新科技手段，进行深入持久地研究，让文物说话，让文物活起来，解开古代海上丝绸之路留下的谜团。

贰 文物珍粹

合浦望牛岭 M1、M2 中出土了近 300 件文物，其中以 M1 出土的随葬器物为多。墓葬中出土的文物有铜、铁、陶、漆、黄金、玉石等各类材质，器类涵盖有炊煮盛食的各类容器、生活日用杂器、车马器、装饰品等，器物以具有多文化元素的汉代岭南风尚器物和海上丝绸之路商贸舶来品为主，随葬器物种类数量繁多且异常精美珍贵，是岭南地区汉墓出土文物之珍粹。

（一）岭南风尚

自秦至汉，中央王朝为卫戍岭南，迁徙了大批汉人，如秦始皇统治时“以谪徙民五十万人戍五岭，与越杂处”。随着大批汉人进入岭南与越人共同生活，以及在大一统背景下区域交流愈加活跃，中原地区的汉文化，相邻区域的楚文化、滇文化、巴蜀文化，本地区越文化等多种文化互相交融，形成了以汉文化为主体，越文化为特色，融合其他文化因素的别具一格的岭南风尚。合浦望牛岭墓葬随葬品是岭南风尚器物的典型代表，反映了汉时岭南之合浦与中原及周边地区保持着频繁的交流互动，是汉帝国面向海洋的重要战略支点。

铜铁器

漆器及其配件

陶器

玉石器

铜铁器

望牛岭 M1、M2 中出土的铜铁器数量颇多、种类丰富、器型来源多样，既有来自中原地区、巴蜀地区、荆楚地区和岭南地区等风格的器物类型，也有多地区风格融合的器物类型，属于汉代岭南风尚器物的典型代表。

三足铜鼎

子母口，扁圆腹，圜底，三蹄足，附方耳或环耳，有盖，盖面上弧、平顶，盖顶有一环，周饰三乳丁，腹上部饰有弦纹一道。此类扁圆腹、矮蹄足鼎与本地区流行的高扁锥形足鼎差异明显，而与中原或荆楚常见的圆腹、矮蹄足鼎相近，有明显的汉式风格。

方耳三足铜鼎 M1：44

口径 18.7、高 21.5 厘米

环耳三足铜鼎 M1∶45

口径19、高20.4厘米

刻纹提梁铜壶

直口，束颈，扁圆腹，圈足略高外撇，带盖及提梁，上腹部饰二铺首衔环，以连接龙首提梁。壶上满饰錾刻纹饰。壶盖中间带钮，钮周饰柿蒂纹，外圈饰一周三角锯齿纹，盖沿饰一周菱形回纹。壶口处饰对鸟纹。壶身由上及下分别周饰三角锯齿纹、羽状纹、菱形锦纹、三角锯齿纹、菱形锦纹、菱形回纹及多道凸弦纹。壶圈足上饰一周三角锯齿纹，下饰一周菱形回纹。望牛岭一号墓出土的铜壶与荆楚地区所出器型相近，而铜壶上装饰的錾刻几何形纹饰，是汉代岭南地区十分流行的铜器装饰，因此此类铜壶具有楚越交融的风格特征。

刻纹提梁铜壶 M1：61

口径 12.5、底径 18.3、高 36.7 厘米

↑ 菱形锦纹

↓ 龙首提梁

刻纹提梁铜壶 M1：62

口径 13.7、高 35 厘米

羽状纹

提梁铜壶

直口，束颈，扁圆腹，圈足略高外撇，带盖及提梁，上腹饰二铺首衔环，以连接龙首提梁。壶盖有半环状纽及环。壶腹饰七道凸弦纹。

提梁铜壶 M1：65

口径 14.8、高 35.2 厘米

铜壶

直口，束颈，球状腹，圈足略外撇，腹部有一对环形耳，上腹部饰一周凸弦纹。

铜壶 M2：3

口径 6.5、底径 9、高 17.5 厘米

铜钫

直口，束颈，鼓腹，方圈足。望牛岭一号墓出土铜钫带盖，肩腹间饰二铺首衔环，以连接龙首提梁。二号墓出土铜钫，肩腹间饰二铺首半环形耳。器型与荆楚地区出土的铜钫相似，推测其器物形制有荆楚地区风格。

铜钫 M1：63

口边长 10、高 38 厘米

铜钫 M2：2

高 18.8、足边长 7.8 厘米

铜锜

侈口，束颈，浅扁腹，平底，三蹄足，扁方銎柄或菱形銎柄。腹上部饰一周弦纹。锜的源头为鍪，西汉早期的铜锜器身与温鍪相近，属温酒器。

铜锜 M1：40-2

口径 8.5、高 19.2 厘米

铜锜 M1：40-1

口径 8.7、高 19.2 厘米

铜锜 M2：6

残高 13、把长 5.8 厘米

刻纹长颈铜壶

小口，长颈，圆鼓腹，圈足。器身上装饰有錾刻纹饰，由上及下分别为三角锯齿纹、菱形锦纹、三角锯齿纹、羽状纹、三角锯齿纹、三角锯齿纹、菱形回纹、菱形锦纹、三角锯齿纹。从目前的考古发现来看，长颈壶主要发现于岭南地区，其他地区较少发现，结合器身上的錾刻纹饰，判断其为本地区特有的器物之一。有学者研究指出，长颈壶的源头可能与秦人的蒜头壶有关[1]。另在湖南永州市鹞子山西汉“刘疆”墓中出土一件长颈壶，内含“投矢”竹签5根，故推断其为古代“投壶”活动所用之壶[2]。

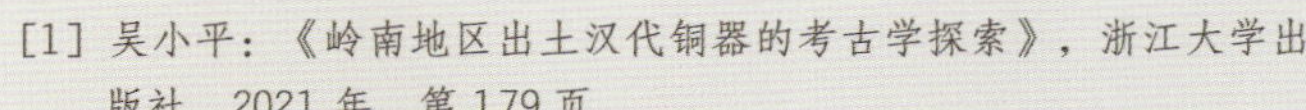

[1] 吴小平：《岭南地区出土汉代铜器的考古学探索》，浙江大学出版社，2021年，第179页。

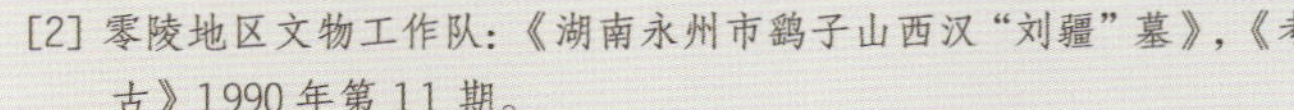

[2] 零陵地区文物工作队：《湖南永州市鹞子山西汉“刘疆”墓》，《考古》1990年第11期。

刻纹长颈铜壶 M1：10

口径5.4、高23.5厘米

提梁铜扁壶

小圆口，矮颈，圆鼓腹，方足，附盖，肩部有二兽面铺首衔环，系活链龙首提梁。壶身饰二道凹弦纹。扁壶在东周时期多见于秦人墓葬中，西汉初期关中地区墓葬也有较多出土，是典型的秦人器物[1]。

[1] 吴小平：《岭南地区出土汉代铜器的考古学探索》，浙江大学出版社，2021 年，第 180 页。

提梁铜扁壶 M1∶42
口径 8、高 35 厘米

提梁铜扁壶 M1：43

口径 9.3、高 32 厘米

鎏金铜樽

直身，平底，三熊足，带盖，盖面有活环，周立三孔雀纽。樽身通体鎏金，腹中饰四道弦纹，弦纹上有二兽面铺首衔环。樽是汉代的主要盛酒器具，汉墓中多见有出土。有学者研究认为，三雀纽盖樽非岭南传统，并通过对此类器物纹饰和鎏金做法，结合其他器物铭文判断，认为部分属蜀郡工官器物[1]。因此推测该器物的器型来源可能是蜀地。

[1] 吴小平：《汉代中原系刻纹铜器研究》，《考古与文物》2014年第4期。

鎏金铜樽 M1：15

口径 20.7、高 20.6 厘米

铜勺

勺首前端宽肥，圆底，长勺柄，柄尾附半圆形钮。汉时勺用于自樽中酌酒，《仪礼·士冠礼》中郑玄注："勺，尊斗也，所以㪺酒也。"铜勺是典型的汉式风格器物。

铜勺 M1：122

长 20 厘米

铜铜

敞口，折沿，弧腹，平底，矮圈足。腹上部饰宽弦纹及二兽面铺首衔环。铜为小盆，属盛水器。江苏徐州狮子山西汉楚王墓出土银铜上有铭文有“宦者尚浴沐铜容一石一斗八升重廿一斤十两□□朱第一御”[1]，说明其器可供洗沐之用。铜铜在岭南地区汉墓中发现较少，同类器物在长江中游的荆楚地区发现较多，推测其器物形制有荆楚地区风格。

[1] 韦正、李虎仁、邹厚本：《江苏徐州市狮子山西汉墓的发掘与收获》，《考古》1988 年第 8 期。

铜铜 M1：79

口径 22、高 10 厘米

铜盆

敞口，宽折沿，弧腹，平底。腹上饰三道弦纹及二兽面铺首衔环。盆在汉代属盛水器。岭南地区出土汉代铜盆，多与长江中下游地区所出相近，其器型来源可能与长江中下游地区有关。

铜盆 M1：27

口径 36.6、高 15 厘米

铜盆 M1：28

口径 36、高 14.5 厘米

铜盘

敞口、宽沿、折腹、矮圈足。上腹部饰二兽面铺首衔环。铜盘作为盥洗水器或盛器，在全国汉代墓葬中普遍发现。

铜盘 M1：34

口径 35.7、高 8.4 厘米

铜盘　M1：36

口径 34、高 7.7 厘米

• 三足铜盘

敞口、短折沿、浅斜腹、平底、三熊足或三俑足。三熊足铜盘中无錾刻花纹装饰。三俑足铜盘内饰錾刻花纹，由内向外分别是柿蒂纹、二鹿二凤纹、菱形重回纹、菱形锦纹、菱形重回纹、三角锯齿纹、菱形回纹。从盘足及盘内錾刻纹饰风格判断，这类三足盘很有可能是本地铸造。

三熊足铜盘 M1：3

口径 41.5、高 6.5 厘米

三俑足铜盘 M1：7

口径 33.1、高 8 厘米

龙首铜方匜

敞口，龙首状流，深斜折腹，平底，底有四乳足。上腹饰二兽面铺首衔环。铜匜在先秦时属礼器，常与盘成套出土，作为盥洗器组合。及至汉代，铜匜虽仍有水器之作用，但逐渐演变成为酒器之一，《说文解字》载“匜，似羹魁，柄中有道，可以注水、酒”。匜是中原地区常见的水器，在岭南地区汉墓中发现不多，其器物形制有中原地区风格。

龙首铜方匜 M1：67

口径约 23.8、高 12.4 厘米

龙首铜方匜 M1：68

口径约 23、高 11.5 厘米

龙首刻纹铜魁

敞口、束颈、弧腹、假圈足，平底，带龙首状柄。器身外装饰錾刻纹饰，由上至下分别为三角锯齿纹、菱形回纹、网格纹、羽状纹。魁是汉代时盛羹的器具，《说文解字》载“魁，羹斗也。”从西周时期开始即在中原地区流行，洛阳烧沟汉墓中出有器形相近的龙首柄陶魁[1]，可见望牛岭汉墓出土铜魁器物形制具有中原地区风格，但其錾刻纹饰有明显的岭南特征，该器应属具有汉越文化交融风格的器物。

[1] 中国科学院考古研究所：《洛阳烧沟汉墓》，科学出版社，1959年，第140页。

龙首刻纹铜魁 M1：76

口径24.2、高10.3厘米

龙首刻纹铜魁 M1：77

口径 24.1、高 10.5 厘米

刻纹铜扁卮

直口，弧腹，平底，矮假圈足，附鋬。卮腹及内底饰錾刻缠枝团花纹，花上鎏金。卮为汉代常用的饮器。这类器身似碗、钵的卮，目前多见于岭南地区，结合器身装饰的錾刻纹饰，推测应属岭南本地区的器物。

铜扁卮线图

刻纹铜扁卮 M1：9

口径 16、足径 8.7、高 6 厘米

铜高足杯

直口，弧腹，喇叭状足。足上饰弦纹五道。杯在汉代为饮酒器，多指耳杯，也称羽觞。此类高足杯的器型是直接对外来玻璃杯的仿制，深受外来文化的影响，属岭南本地融合外来文化的典型器物。

铜高足杯 M1：26

口径 8、足径 4、高 8.4 厘米

铜釜

有釜、双耳釜和小口异型釜三种。釜为敞口，束颈，圆腹，圜底；双耳釜与小釜器型相似，在腹上部饰一道弦纹，两侧附二环形耳；小口异型釜为小直口，圆肩，鼓腹内收，平底，肩部有二半圆形耳，腹部有一周宽棱。第一类釜，有学者根据铜器铭文认为应称为"铫"[1]，《说文解字》载"铫，温器也"。这类器物在关中地区发现较多，推测其器型来源应是关中地区。第二类双耳釜在重庆和湘西地区汉墓中十分常见，是典型的巴人炊具，岭南地区所见双耳釜的器型来源应该是巴渝地区。第三类小口异型釜单独出土的情况并不常见，而是常与甑一起组合成甗，这在中原及荆楚地区都有发现。不过中原地区所见多是斜肩釜，荆楚地区所见则与望牛岭所出相近，为圆肩釜，因此推测其器型来源应为荆楚地区。

[1] 张文玲：《茂陵博物馆收藏的几件铭文铜器》，《文物》2012年第10期。

铜釜 M1：39

口径13.2、高7厘米

双耳铜釜 M2：4

口径 9.2、底径 6.2、高 8.2 厘米

小口异型铜釜 M2∶5

口径 6.2、底径 4.4、高 9 厘米

绹纹双耳铜锅

浅盘口，直腹弧收，平底，口沿下附二绹纹状竖方耳，上腹部饰一道弦纹。此类铜锅在岭南地区汉墓中发现较多，推测属岭南本地区器物。

绹纹双耳铜锅 M1：78-1
口径 26.4、高 16.2 厘米

綯纹双耳铜锅 M1：78－2

口径 27.5、高 16.2 厘米

龙首铜灶

灶身长方形，无地台，灶面有三个火眼，分别放置釜、釜、甑，灶身后有龙首状烟突。以灶随葬，是在西汉中期逐渐流行起来，西汉晚期以后常与屋、仓、井等器物组成典型的模型明器组合。这种灶身长方形的方头灶，最早在洛阳地区汉墓中使用和流行，其器物形制具有中原地区风格。

龙首铜灶 M1：46

长 72、上宽 23、下宽 27、高 18 厘米

• 干栏式铜仓

干栏式建筑，屋体长方形，双开门，有门环，门前有回廊，悬山顶，作瓦垄状，屋底有 8 根立柱支撑。屋身四周饰“十”字宽带纹。墓中随葬模型明器为西汉中晚期起逐渐流行的汉人葬俗。

干栏式铜仓 M1：101

长 79.3、宽 42.7、高 37.3 厘米

• 铜井

方口圆筒，平底，井身饰两道弦纹。井是模型明器组合中的典型器物之一。

铜井 M1：补1

口边长 14.5、高 14.1 厘米

铜博山炉

分炉盖、炉身、托盘三部分。盖呈山形，盖顶穿环系链，主体镂空浮雕云气和重叠山峦纹，下沿錾刻三角锯齿纹。炉身豆形，上腹饰凸弦纹一周，附环形纽，与盖顶铜链相系，腹中刻羽纹及二弦纹，喇叭状足上浮雕云气山峦纹饰和线刻卷云纹、羽纹。托盘为平折沿，敞口，浅斜腹，平底，沿上刻划一周三角锯齿纹。

熏炉最早在战国时期墓葬中已有发现，但并不常见，且多在高等级墓葬中见有。至汉代，以炉熏香的习俗逐渐推广，墓葬中随葬熏炉的习俗也随之普及。岭南地区的西汉早期墓葬中已经发现有不少熏炉，中原地区则出现得相对晚一些，说明这种习俗风气可能是由南向北逐步推广的。《史记·货殖列传》：“番禺（今广州）亦其一都会也。珠玑、犀、玳瑁、果布之凑。”集解引韦昭曰：“果谓龙眼、离支之属。布，葛布。”孙机考证果布应为马来语 Kāpur 的对音，即龙脑[1]。龙脑是一种高级香料，主要产地位于苏门答腊岛南海岸。岭南地区熏香风气的盛行与这种南海输入的香料密切相关。

[1] 孙机：《汉代物质文化资料图说》（增订本），上海古籍出版社，2017 年，第 413 页。

铜博山炉 M1：31

口径 10.3、高 22.8 厘米

铜博山炉 M1：32

口径 10.2、高 23.7 厘米

• 铜凤灯

整体造型作回首凤鸟状，颈部及身满饰錾刻羽纹，背部饰密集斜线纹，背上开一圆孔用来放置长柄灯盘。凤首伸高回望，口衔喇叭状灯罩，灯罩垂直对准灯盏所在。凤灯装饰錾刻异兽纹、弦纹、三角锯齿纹。凤鸟颈部作二套管衔接，可以拆开和转动，便于日常清洗。颈内中空作烟管，连通灯罩与身腔，可引导烟灰进入身腔，以防止烛烟污染空气、保持室内清洁。凤尾下垂及地，与站立双足保持器身平衡。这种带烟管的铜灯，是汉代新创制的样式。晋代夏侯湛的《釭灯赋》有："取光藏烟，致巧金铜。"正是描述此类铜灯，故又称之为"釭灯"。汉代釭灯多作动物形或人物形，最著名者为满

铜凤灯 M1：33、35

长42、宽15、高33厘米

城2号汉墓所出鎏金长信宫灯。望牛岭一号墓出土的铜凤灯的造型，与山西平朔、襄汾、陕西神木等地有出土的鸿雁衔鱼铜釭灯较为相似，但后者装饰工艺以彩绘为主，与铜凤灯的錾刻纹饰不同。因此判断此铜凤灯的器物形制具有中原地区的风格，不过錾刻花纹的装饰工艺有明显的岭南地区风格，是典型的汉越文化融合器物[1]。

[1] 蒋廷瑜：《汉代錾刻花纹铜器》，《考古学报》2002年第3期。

铜凤灯线图

豆形铜灯

整体作豆形，灯盘浅直腹、平底，盘中有1枚支钉形火主，高柄作竹节状，喇叭状圈足。豆形灯最早约出现于春秋时期，到战国时样式已较为丰富，《尔雅·释器》：“瓦豆谓之登。”郭璞注：“即膏灯也。”说明其器型是从食器中的豆转化而来的。河北鹿泉高庄西汉常山王刘舜墓出土的铜灯有自铭为“烛豆”[1]。综上判断，其器型来源应是中原地区。

[1] 河北省文物研究所、鹿泉市文物保管所:《高庄汉墓》,科学出版社，2006年，第39页。

豆形铜灯 M1：4

灯盘径21、高18.5厘米

三兽铜镇

圆座平底，座边刻菱形回纹。上部镂空，中间有一山峰耸立，三兽回首环立一周，瞪目张口，通身细刻须毛，威武雄猛。铜镇一套为4枚，《楚辞·九歌》有："白玉兮为镇。"王注："以白玉镇坐席也。"说明镇有压席的作用，即在床榻铺席后，为避免起身坐落时折卷席角，需在其四隅放置镇。山西阳高城堡12号墓、17号墓出土的漆榻、石榻的四角都有4枚铜镇[1]，亦可证其用。铜镇在先秦以前的岭南地区并无使用传统，属典型的汉式风格器物。

[1] 东方考古学会：《阳高古城堡》，六兴出版，1990年，第90页。

三兽铜镇 M1∶11

高5.5、底径7.4厘米

连弧纹昭明铜镜

圆纽，十二连珠纹座，宽平缘。内区饰八连弧纹，外区有铭文右旋：“……象夫日月，心……而愿心，然……”，根据各地出土连弧纹昭明镜，可知铭文为：“内清质以昭明，光辉象夫日月，心忽扬而愿忠，然壅塞而不泄。”铜镜最早见于新石器时代晚期的齐家文化中，商、西周、春秋时期都有零星发现，至战国以后数量大增，到汉代时已十分流行。岭南地区在先秦以前未见有铜镜，汉代铜镜应是随汉人入岭南而逐渐普及使用的，属典型汉式风格器物。

连弧纹昭明铜镜 M1：56

面径 14、厚 0.5 厘米

昭明铜镜

残损严重，可辨铭文为“内青……象……塞不……”根据其他地区汉墓出土同类铜镜铭文推测应为昭明镜。

昭明铜镜 M2：7

面径 10.1 厘米

铜杵、臼

杵为圆柱状，两端粗中间细。臼为圆口，直腹，圜底，方足外撇，腹中饰凸宽带纹，附一兽面铺首衔环。杵、臼是古代用于稻谷脱壳的粮食加工用具，《汉书·楚王元传》有："杵臼雅舂。"颜师古注："为木杵而手舂。"墓中出土杵、臼器形较小，过去多认为是为墓葬随葬而专制的明器。合浦望牛岭汉墓中出土铜杵、臼摆放于椁室内，与博山炉、凤灯等日常生活用器摆放位置相近，因此推测其应是当时用于研磨香料或药物的实用器具。

铜臼 M1：118-1

口径 9.5、高 10 厘米

铜杵 M1：118-2

长 20 厘米

铜车马器

有车軎、当卢、衔镳、车軎等。岭南地区在先秦时没有用车传统，车马器是在秦统一岭南后，随着移居此地的汉人一同进入岭南地区的，是典型汉式风格器物。

铜车軎 M1：102（上）、103（下）

径 3.8、厚 0.9 厘米

铜当卢 M1：110、111

长 12 厘米

铜衔镳 M1：115（上）、117（下）

衔长 13、镳长 18 厘米

铜车軎 M1：109、113、114、116

长17、宽1厘米

• 铜剑

汉式剑。圆形剑首，扁条形茎，蝠状玉剑格，饰线刻变体卷云纹，剑身狭长，有脊。出土时附有玉剑璏。

铜剑 M2：8

长 100.3、最宽 3.6 厘米

贰
文物
珍粹

带鞘铁剑

汉式剑。剑茎髹漆，缠丝带，加金平脱，已残。方形剑格，铜质。剑身细长，已残。原附漆木鞘，夹纻胎，漆面上加平脱金饰，已残朽。

带鞘铁剑 M1：57

茎长 18.5、通长 84.5 厘米

环首铁刀

环首，单边刃。带漆木鞘，残朽，鞘外有织物包裹。

环首铁刀 M2：9

长 19 厘米

鎏金圆铜牌饰

圆形，中穿小圆孔，正面饰一圈凸弦纹，鎏金，反面无装饰。此铜牌饰之用途，从出土位置看，或为棺饰。

鎏金圆铜牌饰 M1：48

直径21、孔径1.4、厚0.6厘米

铜兽面铺首

一对。兽面纹，满饰羽纹和细线纹，面颊处饰凸起人面纹，鼻中穿孔，衔活环。背面有扁钉。这对铺首出土于椁室前端中部，推测为椁室门上装饰的铺首。

铜兽面铺首 M1：1、2

高 24 厘米

鎏金铜泡钉

四叶形，通体鎏金。有大、小两种，皆系椁室门上的装饰。

鎏金铜泡钉 M1：73-1

径 7.2、厚 1.1 厘米

鎏金铜泡钉 M1：73-2

径 7.2、厚 1.1 厘米

鎏金铜泡钉 M1：73-3

径 7.2、厚 1.1 厘米

鎏金铜泡钉 M1：74-1（左）、74-2（右）

径 12.5、厚 1.1 厘米（左），径 11.5、厚 1.1 厘米（右）

五铢钱

圆形方穿，内外皆有郭。“五”字中间相交两笔向内收，“铢”字之“金”旁的上部呈三角形，“朱”字头是方折的。

五铢钱 M1：52

直径 2.5、穿宽 0.9 厘米

M1：60

漆器及其配件

望牛岭 M2 中发现有不少漆器，但均保存不佳，残朽严重，多是残存铜质或金质的配件、配饰等。岭南地区先秦时鲜有漆器发现，但其周边的楚地却有使用大量漆器随葬的传统，故推测望牛岭汉墓中随葬漆器的器型或其产品可能与旧楚地区有紧密的联系。

• 漆羽觞

实物已残朽。椭圆形，木胎，镶鎏金铜釦。内有朱绘云凤纹，双凤对舞，形象细腻生动。

• 鎏金铜承座

圆形覆盖式底座，矮柄，柄上分出十字形支撑，作四螭仰首状。通体鎏金，柄上部饰三道弦纹。螭首状支撑上残留有漆器残片，推测应是漆盘一类器物的承座。

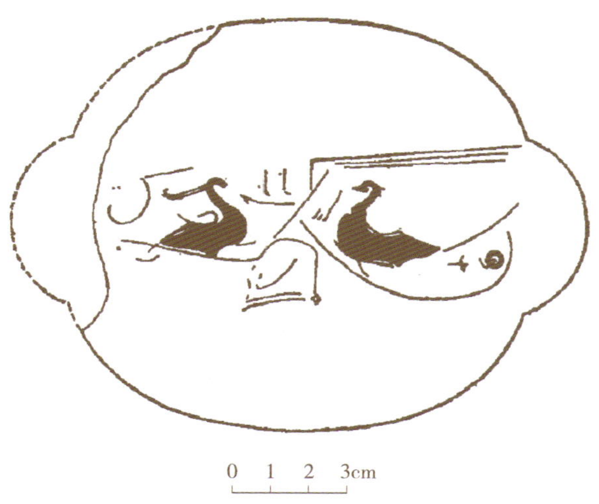

漆羽觞线图 M1：6

鎏金铜承座 M1：47

底径 12、高 10 厘米

鎏金三熊铜足

低头蹲坐状，一掌放于腿上，一掌上撑，腹部有一圆孔，背部与器身相接，身中空。通体鎏金，双眼嵌绿松石。三熊足多是在三足盘、樽等器物中出现使用，这两组三熊足中的一组三熊背部保存在铜扣相接，应是漆盘类器物的残足。

鎏金三熊铜足 M1：新1

高 4 厘米

鎏金三熊铜足 M1：新2

高 4 厘米

镂空鎏金兽面铜铺首

镂空兽面状，通体鎏金，衔环处残断，为漆樽或漆盒上装饰铺首，漆器器身已残朽。

镂空鎏金兽面铜铺首 M1：新3

环径 3.7 厘米

鎏金嵌宝石孔雀铜纽饰

圆形底座，座下有二榫头，座上周饰起伏山峦状，孔雀昂首站于中央，作开屏状。雀首上有人形高冠，嵌宝石 4 颗。双眼、胸前及双翼皆嵌宝石。开屏状尾羽上嵌有黄、绿相间宝石，计 28 颗。铜纽通体鎏金，孔雀冠、双翼、羽上刻有细线纹。从出土时的情况判断，其为漆樽盖上之铜纽饰。

鎏金嵌宝石孔雀铜纽饰 M1：新4

高 7.7、足径 5、雀横 5 厘米

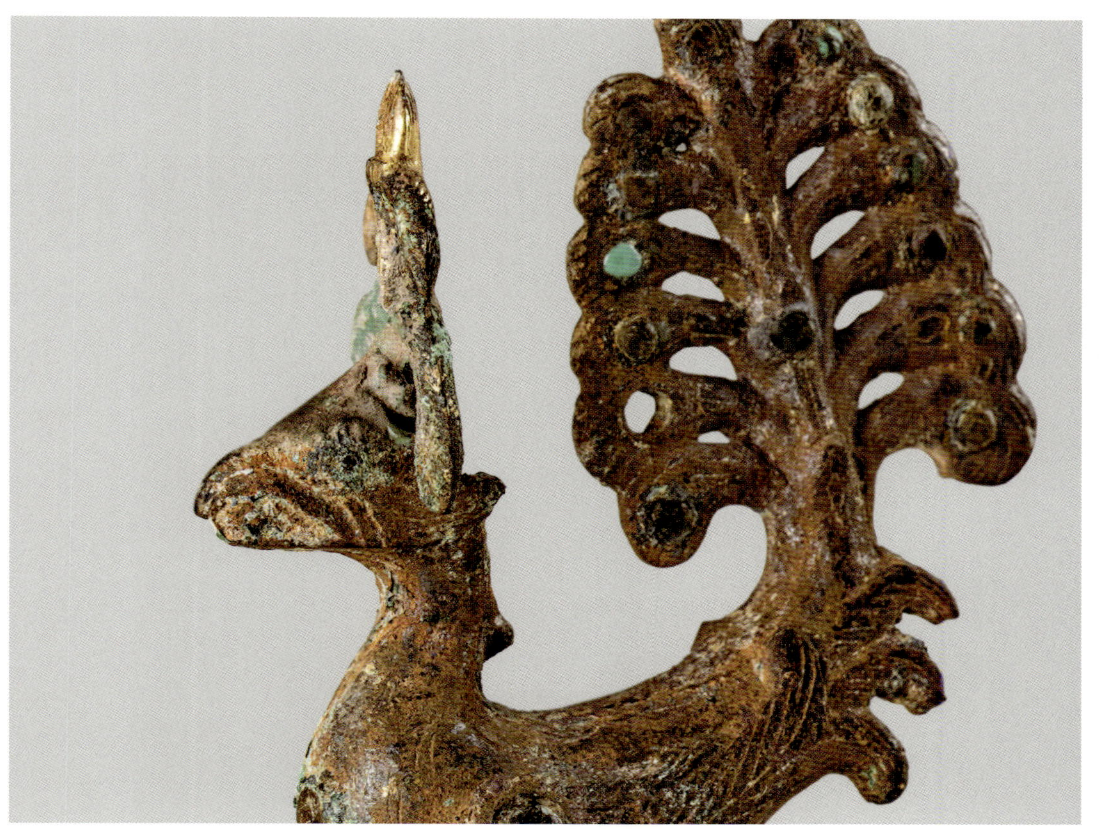

鎏金嵌宝石鸟形铜饰件

站立回首状，双翼微张，尾羽上翘。双眼、双翼及尾羽处镶嵌有宝石，大部分已脱落不见。通体鎏金，翼与尾羽刻细线纹。与鎏金嵌宝石孔雀铜纽饰共出，且风格一致，推测其为漆奁、樽盒等一类器物器盖上之饰件。

鎏金嵌宝石鸟形铜饰件 M1：新5

高 3.9、身长 3.7、宽 1.7 厘米

鎏金铜釦

分“U”字形和“L”字形两种。铜釦原是箍装在漆器口沿、底部、腹部、器耳等地方的金属饰件，有铜釦装饰的漆器又可称为“釦器”。

鎏金铜釦 M1：25

长 10.1、宽 1.8 厘米

鎏金铜釦 M1：21-1、21-2、21-3

长 7.9、宽 1.1 厘米

鎏金铜釦 M1：17

径 27 厘米（简报中记径 32 厘米）

鎏金铜釦 M1：18

径约 27 厘米（简报中记径 32 厘米）

金平脱箔片

原嵌于漆盒外，盒身已朽。箔片中有加彩绘的飞禽、异兽、人物、狩猎、翔云、蔓草等纹样。飞鸟展翅，异兽奔走，人物形象或狩猎或骑马飞驰，或引弓待发，或引索欲投，造型生动，惟妙惟肖。

金平脱箔片 M1：30

飞禽、异兽纹

金平脱箔片 M1：30

狩猎纹、人物形象纹

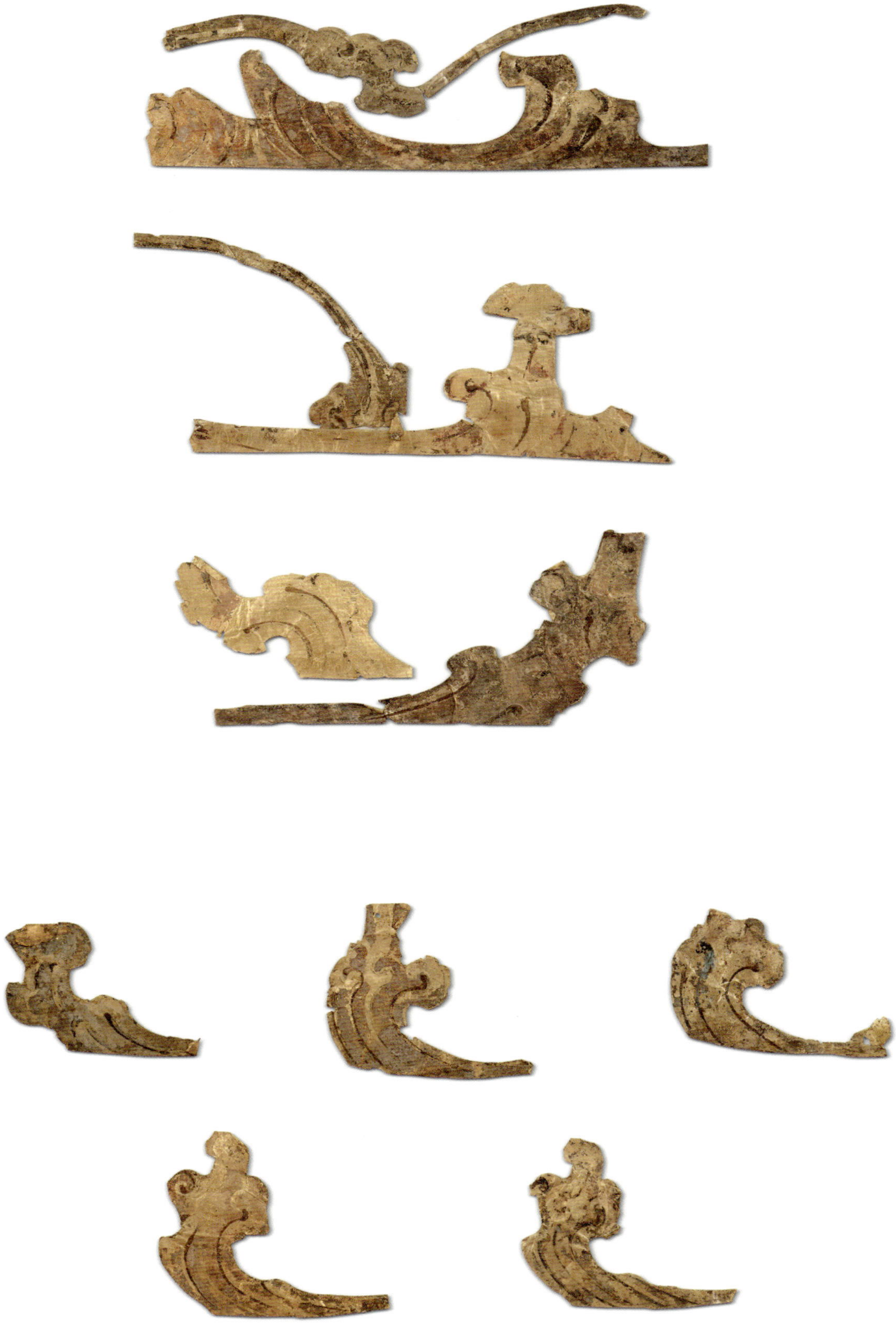

金平脱箔片 M1

云气纹

金平脱箔片 M1

其他漆绘纹饰

金平脱箔片 M1

漆绘蔓草纹

陶器

望牛岭 M1 和 M2 内出土的陶器虽然数量较少，但既有中原汉墓中常见的仿铜陶礼器组合，也有具有明显的本地区风格的陶提筒和印纹陶瓮、陶罐等器物，具有明显的多文化因素交流融合的岭南风尚。

陶鼎

子母口，扁圆腹，圜底，三蹄足，附方耳，带盖，盖顶有三环耳，盖面饰弦纹和篦刻纹，腹部饰一周凸弦纹。该鼎器型属汉式风格，但鼎盖上装饰的篦刻纹，是汉代岭南地区陶器上的常见装饰，有汉越文化融合的风格。

陶鼎 M1：90

口径 20.5、高 25.5 厘米

陶壶

子母口，束颈，扁圆腹，喇叭状圈足，肩附双耳，壶身饰多道弦纹，带盖，盖顶附纽，盖面饰多道弦纹。

陶壶 M1：80

口径 13.4、底径 18.3、高 45.5 厘米

陶壶 M1∶81

口径 11.2、底径 13.5、高 35 厘米

陶壶 M1：83

口径 15、底径 19.5、高 49.5 厘米

陶瓿

盘口，束颈，溜肩，圆腹，平底，肩附二桥形纽，饰二兽面铺首衔环，器身装饰三道弦纹，腹部施青釉。M1：92 无盖，M1：99 带盖，盖顶附二立纽。

陶瓿 M1：92

口径 15.5、底径 20、高 31 厘米

陶瓿 M1：99

口径 16、底径 20、高 36 厘米

• 几何印纹陶罐

敞口，卷沿，矮直领，鼓腹，平底。器物腹部通体装饰以方格纹作地纹，其上拍印圆形戳印的几何图形印纹，圆形戳印外绕二周作为边框，内以“十”直线将圆的平面分为四区，各区布以三重套叠三角线形纹。印纹陶器是岭南地区的典型陶器。

几何印纹陶罐 M2：1

口径 16.3、底径 16.5、高 18.5 厘米

几何印纹陶瓮

卷唇，器身直筒式，腹中部微鼓，平底，通体饰小方格印纹。

几何印纹陶瓮 M1：75

口径 25、高 36.5 厘米

小口四耳陶罐

小直口，圆腹，平底，腹部附四桥形耳，饰凹弦纹二道，器身施有青釉。

小口四耳陶罐 M1：85

口径 15.5、高 34.8 厘米

小口四耳陶罐 M1：86

口径 15.5、高 32.7 厘米

小口四耳陶罐 M1：93

口径 13、高 25.8 厘米

小口四耳陶罐 M1：94

口径 13.2、高 26 厘米

青釉陶罐

一类为敞口，卷沿，弧鼓腹，平底，器身局部施青釉，饰二道凹弦纹。另一类整体较矮，直口，矮领，圆鼓腹，平底，器身局部施青釉。

青釉陶罐 M1：95

口径 19、底径 19.5、高 28 厘米

青釉陶罐 M1：96

口径 18、底径 19.5、高 27.5 厘米

青釉陶罐 M1：97

口径 15.8、底径 19、高 20.1 厘米

"九真府"朱书陶提筒

子母口微敛，直筒腹，平底，矮圈足，带盖，盖上有纽，饰篦刻纹。上腹附双桥形耳，器身饰四道凹弦纹，其中一件陶提筒内腹有朱书"九真府"三字，另一件陶提筒内腹有朱书"九真府□器"。提筒是汉代岭南地区的典型器物。

朱书陶提筒 M1：82

口径 21、高 32 厘米

九真府

九真府器

朱书陶提筒残片 M1：87

纵长 23、横宽 15、厚 0.92 厘米

干栏式陶屋圈

干栏式建筑，上屋下圈。屋为曲尺形，悬山顶，顶饰瓦垄，正面半开门，有栅格镂窗，窗下刻菱形纹装饰，四面有仿木刻划纹，屋后有一小孔，为圈厕。圈厕内有陶猪五头，二大三小，躯体肥胖，作伏卧状。

干栏式陶屋圈 M1：69

面阔 28.5、进深 22、高 34 厘米

陶屋下层猪圈

陶猪

陶侍俑

分男侍俑和女侍俑，其冠发服饰均为典型汉式风格。男侍俑戴冠，短衣小袴；女侍俑束高髻，短裙齐膝。男（右）、女（左）侍俑均拱手于胸前作侍立状。

陶侍俑 M1：88

高 38 ~ 42 厘米

玉石器

望牛岭 M1 和 M2 中随葬玉石器物较少，主要有蝉形玉口琀、棱形玉鼻塞、棱形玉柱饰、玉管、玉剑璏、小石环、石黛砚等玉敛具、装饰品或用具。这些玉石器中，玉敛器以及石黛砚，都是典型的具有汉式风格的器物。

• 蝉形玉口琀

白玉质，蝉形，正面以细线纹阴刻出蝉头、双翼等部位。《汉书·杨王孙传》：“口含玉石，欲化不得，郁为枯腊。”可知玉口琀之意在使尸身不朽，蝉形是玉口琀最常见的形状。

蝉形玉口琀 M1：55

长 5 厘米

• 六棱柱形玉鼻塞

白玉质，六棱柱状、素面。

六棱柱形玉鼻塞 M1：54

长 2.3 厘米

• 八棱形玉柱饰

白玉质，八棱柱状，素面，玉柱两端一大一小。玉柱饰形制与玉鼻塞相似，推测有可能是玉敛具之一。

八棱形玉柱饰 M1：59

长 6 厘米

玉剑璏

白玉质，正面呈长方形，面微弧。装饰细线阴刻的饕餮纹和卷云纹，两端出沿向内翻卷，背有长方形穿。《说文解字》载“璏，剑鼻玉也”。《广雅·释器》：“纽谓之鼻。”可见，璏就是附在剑鞘中部用来穿剑带的“纽”。

玉剑璏 M2：10

长 11、宽 2.4 厘米

玉管

白玉质，圆柱状，钻孔中空。

玉管 M2∶11–1

长 6.3 厘米

玉管 M2：11-2

长 6.5 厘米

• 石环

砾石质，大致呈鸡心状，中穿孔，为两面对钻穿孔而成。

石环 M2：13

外径 3.5 厘米

石砚

砂岩质，圆形，正面研磨光滑，背面粗糙。砚面残存有红色痕迹，推测为朱砂一类的矿石颜料。黛砚多认为是古人用作画眉或化妆，也可用来书写[1]。

[1] 李则斌：《汉砚品类的新发现》，《文物》1988年第2期。

石砚 M2：12

直径11.2、厚0.3厘米

（二）海丝瑰宝

汉武帝在合浦设郡的第二年（公元前110年），便开辟了以合浦港为起点，航行至东南亚及印度半岛的海外航线。该航线是汉代“海上丝绸之路”的主要干线。《汉书·地理志》中对汉代海上丝绸之路的路线、参与人员及贸易物品等有详细记载，由官方组织的汉使团，从合浦港出发，“入海市明珠、璧流离、奇石异物，赍黄金杂缯而往”。

合浦望牛岭汉墓出土的黄金器、玻璃器及其他宝石－半宝石类珠饰等，与汉代海上丝绸之路有着密切联系。黄金器中有用于海路商贸中大额交易的金饼，也有作为商品的金串珠。“璧流离”，即玻璃，属舶来品的一大类。玻璃作为汉代海外贸易的主要商品，在我国华南以及东南亚、南亚国家均有大量出土，部分遗址还发现了生产加工的证据。特别值得一提的是，汉代广西地处边陲，一般文化科学技术都落后于中原地区，唯独玻璃容器的制作水平高于中原，这种现象的出现，不能不说与海上丝绸之路密切相关。[1] 因此，广西出土众多相关的玻璃器，是海路交往和技术传播的重要见证。宝石－半宝石类珠饰的材质则包括玛瑙、红玉髓、水晶、绿柱石、琥珀等，属《汉书·地理志》记载的“奇石”之列。这些宝石在本地没有矿藏资源或开采加工的记载，双锥形、棱柱形、系领形及多面体等形制也非我国传统珠饰器形，故大多是汉王朝与东南亚、南亚地区的直接或间接贸易所得。

[1] 熊昭明、李青会：《广西出土汉代玻璃器的考古学与科技研究》，文物出版社，2011年，164页。

黄金器

玻璃器

玉髓和玛瑙

水晶

绿柱石

琥珀

黄金器

黄金因其本身美观珍贵，光泽耐久不变，延展性好等特点，从古至今均被视为贵重的奢侈品，是财富、权力的象征。望牛岭1号墓、2号墓出土与海上丝绸之路有关的黄金器，主要是金饼和珠饰。珠饰造型有水滴形、葫芦形、瓜棱形、双锥形等。

• 金饼

2件，均为圆形，正面内凹，刻有铭文，背面稍隆起，比较粗糙，直径6.3～6.5厘米。金饼源于战国时期楚的“爰金”，俗称“印子金”或“金钣”。但将一定量的黄金铸成金饼通行全国是从秦代开始，汉世尤盛。[1]这类圆形金饼大多重量在250克左右，与汉代黄金以斤为单位基本一致。历史典籍中也记载了这类金饼属使用流通型，也可用于贡祭，其特点是便于叠摞、携带和储藏。

[1] 黄今言：《西汉海昏侯墓出土黄金的几个问题》，《史学月刊》2017年第6期。

“阮”铭金饼 M1：51

正面刻一“阮”字，“阮”字上方再细刻一个“位”字

直径 6.5 厘米，重 247 克

“大”铭金饼 M1：58

正面刻一“大”字，“大”字下方再细刻“太史”二字

直径 6.3 厘米，重 249 克

“阮”铭、“大”铭金饼（正、背面）

出于 M1 主室，墓主人腰部右侧

金串珠

由不同形制的金珠组合而成，共计 12 颗。其中双锥形 1 颗，珠体中部最大，向两端斜收，且两端截平。葫芦形 1 颗，下端口圆平，上端口小如细颈瓶口。榄形 1 颗，珠体与双锥形相似，但更为细长。滴水形 9 颗，珠体上部拉长有直颈，下部略鼓，形如水滴。

圆形、双锥形、水滴形等黄金珠饰在广州地区也有不少发现[1]。此外，云南个旧黑蚂井 18 号墓也发现一颗双锥形金珠[2]，与广西相邻的湖南永州鹞子岭 2 号墓出土 4 颗滴水形金珠、1 颗双锥形金珠[3]。双锥形金珠在柬埔寨普罗希尔有出土[4]，榄形金珠在泰国中部也有发现[5]，上述金珠造型也多见于其他材质的外来珠饰，而鲜见于北方地区。不过，这些珠饰造型简单，不排除受外来文化影响，在当地自制的可能。

[1] 广州市文物考古研究院:《广州出土汉代珠饰研究》,科学出版社，2020 年，148~149 页。

[2] 云南省文物考古研究所等:《个旧市黑蚂井墓地第四次发掘报告》，科学出版社，2013 年，第 62 页，图版三十七。

[3] 湖南省文物考古研究所、永州市芝山区文物管理所：《湖南永州市鹞子岭二号西汉墓》，《考古》2001 年第 4 期。墓中还出土 22 颗玻璃珠，从描述看，应属印度—太平洋贸易珠。

[4] Andreas Renecke, etc. 2009. *The First Golden age of Cambodia: Excavations at Prohear*. Bonn: Thomas Müntzer. p. 88.

[5] 班查・彭帕宁著，林璟玫译：《璀璨・古珠・天珠》，和平国际文化有限公司，2013 年，第 245 页。

金串饰 M1：补

双锥形最大径 0.8 厘米；葫芦形直径 0.5 厘米；榄形长 1.3 厘米；滴水形长 0.8 ~ 0.9 厘米，共重 9.2 克

玻璃器

在汉代文献中，玻璃也称为“瑠璃”“琉璃”，提及的产地有罽宾（今阿富汗境内喀尔布河流域）、大秦（罗马）和哀牢（今滇西和缅甸北部一带）等，但从考古发现来看，当时的玻璃产地要比记载广泛得多。历史上，玻璃是贵族享用的奢侈品。在最早出现玻璃制品的西亚地区，玻璃的价值等同于黄金，如成书于公元前 4 世纪的《旧约 · 约伯传》第二十八章提到：“黄金与玻璃不能与她（智慧）同列”[1]。我国亦然，河北定州市西汉中山怀王刘修墓（公元前 55 年）出土一件配以绿色玻璃盖的麒麟金，为皇帝赐给诸侯王的瑞祥物[2]。明代之前，精美的玻璃器价值甚至高于黄金[3]。

• 玻璃串珠

共计 1628 颗，其中一号墓出土 823 颗，二号墓出土 805 颗。均为蓝色或深蓝色，透明—半透明，以圆形、扁圆形或长圆形珠为主，个别为双锥形。经检测，均为钾玻璃。

钾玻璃属印度、东南亚以及我国华南和西南等地特有的一种古代玻璃体系，以氧化钾（K_2O）为主要助熔剂（重量比 10% ~ 20%），氧化钠（Na_2O）、氧化镁（MgO）含量多低于 1%，氧化钙（CaO）含量多低于 4%。从目前掌握的材料看，我国的钾玻璃主要出现在公元前 4 世纪到公元 3 世纪，相当于战国中晚期至东汉时期，主要集中在西南和华南地区的广西、广东、贵州、云南、四川等地，在新疆、云南、江苏、湖南、甘肃和青海等地亦有少量出土，其中以两广地区出土数量最多，种类也最丰富。

钾玻璃依其中氧化钙和氧化铝（Al_2O_3）的含量，可划分为低铝高钙、低钙高铝和中等钙铝三个亚类。中等钙铝钾玻璃在印度、东南亚和广西都广泛分布，可能存在多个制造中心，也从一个侧面反映出针对具体器物进行产地判定的复杂性。其余的钾玻璃制品，本地自制的主要为低钙高铝钾玻璃。从测试的样品来看，这类玻璃占比较大，应是在合浦至越南北部的交州区域吸收外来玻璃制作技术发展起来的。

[1]《圣经》，香港思高圣经学会释译本，第 822 页。

[2] 河北省文物研究所：《河北定县 40 号汉墓发掘简报》，《文物》1981 年第 8 期。

[3] 安家瑶：《玻璃史话》，中国大百科全书出版社，2000 年，第 2 页。

双锥形玻璃串珠 M1：新6

长 1.0、中径 0.9 厘米

玻璃串珠 M1：71

130 颗，串珠径 0.5 ~ 0.7 厘米

玻璃串珠 M1：121

692 颗，串珠径 0.5 ~ 0.7 厘米

玻璃串珠 M2：15

566 颗，串珠径 0.2 ~ 0.6 厘米

玻璃串珠 M2：16

58 颗，串珠径 0.3 ~ 0.6 厘米

玻璃串珠 M2：17

圆形、扁圆形或长圆形径 0.3 ~ 0.5 厘米；双锥形长 0.7 厘米

玻璃璧

1件，出自望牛岭M2。绿色偏蓝，半透明，圆形，中有圆孔，一面饰谷纹，一面素面。该玻璃璧经过成分检测，为铅钡玻璃。铅钡玻璃为我国自创，在战国早、中期就已经出现，战国晚期到汉代广泛分布于我国长江流域的湖南、湖北、安徽以及黄河流域的河南、山西、陕西、山东等地。虽不排除铅钡玻璃的制造是在西方影响下发生[1]，但从器物形制及广西的地理位置来看，铅钡玻璃制品从中原和楚地输入，则是基本可以肯定的。

[1] 安家瑶：《我国古代玻璃研究中的几个问题》，《中国考古学研究——夏鼐先生考古五十年纪念论文集》，文物出版社，1986年，第337~345页。

玻璃璧 M2：14

内径3.2、外径12.9、厚0.44厘米

玉髓和玛瑙

玉髓和玛瑙均属隐晶石英质玉石，所不同的是玛瑙具条带状构造。条带相对清晰的称“缟玛瑙”，条带变十分细窄的，又可称“缠丝玛瑙”。玛瑙有白、红、绿、黑等颜色。一些浅褐色玛瑙经过加热，可以变成颜色均匀、鲜艳的红玉髓。合浦汉墓出土的红玉髓珠及玛瑙珠，一般认为其由沿海路自南亚或东南亚而来的可能性更大[1]。一些珠饰也不能排除原材料为输入，加工在合浦等地的可能性，如戒指、耳珰等。阿里卡梅度(Arikamedu)矿石珠加工的一个最特殊而古老的工艺就是矿石的改色处理，如将含铁的玉髓经过热处理变为所期望的红玉髓，该技术曾广泛流传[2]。在加工工具上，阿里卡梅度是有记载的，最早将金刚石钻头用于石质珠穿孔的遗址之一，这种工艺在公元前 4 世纪时期的文献中有记载[3]。玛瑙和红玉髓珠制作技术是探索不同地域社会状况的重要指标，学者们常将它们作为铁器时代（公元前 500 年至公元 500 年）南亚和东南亚交流的代表性器物，这些从南亚输入的珠饰在东南亚被广泛交换[4]。东南亚的莱宜(Lai Nghi)墓地、三乔山遗址和班东塔碧遗址等都有较多出土。

玛瑙串珠

共 7 颗，均为棕色或灰色间白色条带纹的缠丝玛瑙。其中一对 2 颗为水滴形，在珠体一端横穿孔，其余均为榄形，珠体中部最大，向两端斜收，穿孔方式为两端对穿孔。

[1] 熊昭明：《汉代合浦港的考古学研究》，文物出版社，2018 年，第 94 页。

[2] Francis, P. 1991. Beadmaking at Arikamedu and beyond. *World Archaeology*. Volume 23, Number 1. pp. 28-43.

[3] Ian C.Glover, 1989. *Early trade between India and Southeast Asia: a link in the development of a world trading system*. Centre for South-East Asian Studies, University of Hull, Occasional Paper 16. pp. 1-45.

[4] B. Bellina, 2003. Beads, social change and interactionbetween India and South-east Asia. *Antiquity*, Volume 77, Number 296. pp. 285-297.

玛瑙串珠 M1：53

长 2.5 ~ 2.7 厘米，出于 M1 主室，墓主人颈部位置

玛瑙串珠 M1：120-1

长 1.2 ~ 3.5 厘米

红玉髓串珠

共计 9 颗，有圆形、榄形、双锥形、滴水形、葫芦形及弓形等。

红玉髓串珠　M1：120-2

滴水形长 1 ~ 1.5 厘米，葫芦形长 1.3 厘米，双锥形径 1.2、长 0.8 厘米

红玉髓串珠　M2：22

径 1.4 厘米

红玉髓串珠 M2：18、19、20

长1.9、1.7、1.5厘米

红玉髓串珠 M2：21

长 3.7 厘米

红玉髓戒指

1件，戒环为扁戒圈，有明显戒面，戒面中部最宽，向两端斜收，呈橄形，戒环上接近戒面两端处，刻对称龙首。

红玉髓戒指 M2：23

环径 2.3 厘米

水晶

水晶的化学成分为二氧化硅，纯净时形成无色透明的晶体，当含微量元素灿、铁等时，经辐照微量元素形成不同类型的色心，产生不同的颜色，如烟色、紫色、黄色[1]。水晶主要产于伟晶岩脉或晶洞中，世界各地都有矿藏分布。在公元元年前后，印度南部的德干高原是紫水晶的主要产地和加工中心，其东部的阿里卡梅度遗址出土大量水晶、紫水晶、玛瑙、缟丝玛瑙、石榴石等半宝石珠子[2]。至于无色透明水晶，原料广泛分布于东南亚地区，在泰国三乔山遗址还发现当地加工的证据[3]。由于广西本地没有可供开采的水晶矿，我们倾向于认为多是与紫水晶等一并输入的，部分可能来自东南亚地区。

• 水晶串珠

共 10 颗，以无色的透明水晶居多，紫水晶次之。形状有棱柱形、多面榄形等。其中，望牛岭 1 号墓出土的不规则六棱柱形水晶，是目前广西发现最大的一颗，其器表有大小不一的磨痕十道，并有泥沁锈斑，中心有对穿钻孔，长 7.3、宽 3 厘米。同墓出土的另一颗水晶则为标准六棱柱形，通体打磨光滑，晶莹剔透，长 3.9 厘米。

这些无色透明水晶纯净、透明度高，与广西北部一些郡治之外地区所出“石质较差，不甚透明”[4] 的水晶形成鲜明对比，可能是由于它们来源不同。

[1] 张培莉主编：《系统宝石学》，地质出版社，2006 年。下文关于珠饰的材质内容表述，均引自该书。

[2] Peter Francis, Jr. 2001. Final report on Arikamedu, India. *The Margaretologist* 13/2 (30).

[3] B. Bellina. 2014. Maritime Silk Roads' ornament industries:socio-political practical practices and cultural transfers in the South China Sea. *Cambridge Archaeological Journal*, 24, pp. 345-377.

[4] 广西壮族自治区文物工作队、钟山县博物馆：《广西钟山县张屋东汉墓》，《考古》1998 年第 11 期。

不规则六棱柱形水晶串珠 M1：119-1

长 7.3、宽 3 厘米

六棱柱形水晶串珠 M1：119-2

长 3.9 厘米

短六方双锥形水晶串珠 M1：119-3

长 1.3 ~ 1.8 厘米

紫水晶串珠 M1：119-4

均长 1.2 厘米

绿柱石

绿柱石，又称绿宝石，其晶体属六方晶系的环状铍－铝硅酸盐矿物，硬度为 7.5 ~ 8，比重为 2.63 ~ 2.80。纯净的绿柱石是无色的，甚至可以是透明的，但大部分为绿色，也有浅蓝色、黄色、白色和玫瑰色的，有玻璃光泽。无色的透绿宝石、金黄色的金绿柱石、淡蓝色的海蓝宝石、深绿色的祖母绿以及粉红色的铯绿柱石是绿柱石的几个变种。绿柱石现代的产地很多，印度的默哈讷迪河沿岸（Mahanadi banks）和奥里萨邦（Orissa）南部，是传统的产地。在古印度佛陀时期，绿柱石是一种流行的奢侈宝石，在 Bhattiprolu 与毗普拉哈瓦孔雀王朝时期的舍利塔中有出土[1]。印度泰米尔纳德邦 Kongu 地区的村庄 Padiyur 盛产绿柱石。这种宝石在古罗马时期的需求量很大，普林尼在 1 世纪的《自然史》中记述，最好的绿柱石绝大多数来自印度[2]。此外，斯里兰卡的绿柱石资源丰富，也是传统宝石加工区[3]。因此，我们倾向于认为，广西出土的绿柱石串饰来自印度和斯里兰卡一带。

● 绿柱石串珠

共 11 颗，主要是海蓝宝石和透绿宝石两种，有棱柱形、圆柱形及不规则形。均出于 M1 主室，墓主人腰部右侧位置，出土时多与同墓的玻璃珠、水晶珠等混合在一起。

[1] Biswas, A.K. 1994. Vaidurya, marakata and other beryl family gem minerals: etymology and traditions in Ancient India. *Indian Journal of History of Science*. Volume 29, Number 2. pp. 139-154.

[2] K. Rajan, N. Athiyaman, 2004. Traditional gemstone cutting technology of Kongu region in Tamil Nadu. *Indian Journal of History of Science*. Volume 39, Number 4. pp. 385-414.

[3] Junqing Dong, Yunling Han, Jiwang Ye, Qinghui Li, etc. 2014. In situ identification of gemstone beads excavated from tombs of the Han Dynasties in Hepu county, Guangxi Province, China using aportable Raman spectrometer. *Journal of Raman Spectroscopy* 45. pp. 596-602.

水晶、绿柱石串珠 M1：119-5

绿柱石串珠 M1：119-6

绿柱石、水晶、玻璃串珠 M1：119-7

琥珀

琥珀是树脂埋藏地层日久石化而成，汉称“虎魄”。关于琥珀的产地，《汉书·西域传》言罽宾出“虎魄”[1]。《后汉书·南蛮西南夷传》载永昌哀牢夷（位于今云南西部和缅甸克钦邦、掸邦的东部地区），《后汉书·西域传》载大秦，均出产“虎魄”[2]。宋人周去非的《岭外代答》，也提到注辇国（今印度南部）有“杂色琥珀”[3]。较为肯定的是，“汉晋时期，极有可能，中国境内的琥珀尚未得到成规模的开采。”[4]许晓东认为，我国古代的琥珀原料绝大多数来自波罗的海和缅甸，汉代的琥珀原料主要经西南丝路由缅甸输入，而印度无琥珀储藏，相信当地的琥珀很有可能来自缅甸或罗马[5]。在西南丝路沿线，很少有琥珀出土[6]，因此，华南沿海地区的发现经由陆路输入的可能性很小。出自广西汉墓的琥珀，出土时多呈半透明的暗红色，出土后氧化颜色变黑。其质地致密，内少丝状碎裂纹，与缅甸出产琥珀最为接近，而与波罗的海琥珀不同。波罗的海琥珀的颜色一般趋黄，有透明清澈的，也有内含气泡而呈雾状的。因此，推测广西汉墓出土的琥珀，基本上是从掸国（缅甸）沿海路输入。刻有汉字的印章，当为进口原材料加工。

琥珀串饰 M1：120-2

出于一号墓主室，墓主人腰部右侧

琥珀串珠

共 4 颗。分为圆形、半球形、胜形、壶形及动物形等。其中，半球形琥珀珠底部平滑。动物形琥珀珠似青蛙或蟾蜍，褐色，半透明，蛙眼突出，脊背拱起有棱，阴刻线条区别蛙身及腿部，蛙腿处亦刻划线条表现四肢的区分，长 1.1、宽 0.6、高 0.5 厘米。壶型珠，整体扁平，正面有刻划纹，背面光滑平整，长 1.3 厘米。

琥珀印章

1件，龟形印纽，阴文篆书“庸毋印”三字。按照汉代的官印形制，“龟钮之玺，贵者以为佩”[7]，认为龟纽官印的使用者均为高级官吏。

“庸毋印”印文

琥珀穿印 M1：120-3

高1.5厘米，印面1.5厘米×1.3厘米

[1] 班固：《汉书·地理志》二十八卷下，中华书局，1962年，第3885页。

[2] 范晔《后汉书·南蛮西南夷列传》卷八十六、《西域传》卷八十八，中华书局，1965年，第2849、2919页。

[3] 周去非：《注辇国》，《岭外代答·卷二·外国门上》，上海进步书局，1912年。

[4] 霍巍、赵德云：《战国秦汉时期中国西南的对外文化交流》，巴蜀书社，2007年，第103页。

[5] 许晓东：《琥珀及中国古代琥珀原料的来源》，《故宫学刊》总第四辑，2008年。

[6] 石寨山出土1串，出土单位、年代不明。李家山出土16颗，与合浦所出多不同，枣核形(榄形)1颗，一端钻两孔，方形(多面榄形)2颗，两端稍细，整体显得比较粗大，另有合称为“扁球形”的扁圆、长圆、圆柱形珠子11颗，其中的圆柱形不见于合浦。参见张增祺：《晋宁石寨山》，云南美术出版社，1998年，第104、214页。云南省文物考古研究所、玉溪市文物管理所、江川县文化局：《江川李家山——第二次发掘报告》，文物出版社，2007年，第221页。

[7] 刘安：《淮南子》卷十七《说林训》，中华书局，2023年，第1004页。

叁

保护利用

（一）望牛岭汉墓出土文物的保护修复

合浦望牛岭汉墓位于广西合浦县城东南郊望牛岭，土壤为酸性，属亚热带季风气候，日照时间长，夏季炎热潮湿，年平均降水量在1000毫米以上；冬季温暖，最冷月平均气温在0℃以上。在这样的埋藏环境下，大部分青铜器、铁器经过长期的腐蚀，大部分出土时锈蚀、矿化都较为严重。此外，部分陶器出土时已呈破碎状态。

该批文物入藏我馆以来，只针对个别珍贵文物开展过相关的保护修复工作。2020年，我馆启动馆藏合浦望牛岭汉墓出土文物资料整理工作，发现该墓出土的多件金属质文物存在不同程度的断裂、缺损、变形、锈蚀、矿化等病害，病害造成许多珍贵的历史信息、痕迹等模糊不清或不复存在。个别陶器也一直未粘复，具体器形不明。为此，我馆对该批文物开展集中保护修复工作，完成保护修复器物共计38件（套），其中铜器29件（套）、铁器5件（套），陶器4件（套）。

图4-1　我馆修复人员对望牛岭汉墓出土文物进行修复工作

图 4-2　西汉绹纹双耳铜锅（M1：78-1）破损，原修复痕迹开裂脱落

图 4-3　西汉兽环铜盆（M1：27）原修复痕迹开裂脱落

图 4-4　西汉昭明铜镜（M1：56）断裂破损，原修复痕迹开裂脱落

为深入了解文物、准确把握病害、有的放矢保护文物，我们严格遵循《中华人民共和国文物保护行业标准》（WW/T 0009-2007），以不改变文物原状、最小干预与安全有效为基本原则，在认真调查与科学分析的基础上，制定合理的保护处理方案。

以望牛岭汉墓出土的绹纹双耳铜锅、兽环铜盆及昭明铜镜等三件青铜器的具体修复为例，我们通过用硝酸银氯离子检测、X 光探伤检测、显微共聚焦激光拉曼光谱仪、X 射线衍射仪等检测对青铜器的锈蚀产物的成分和文物组成结构进行科学分析测试，确定青铜器文物腐蚀产物的主要种类，为文物保护修复实施提供依据。

取样原则为：对器形保存完好、没有破损，或没有铸造披缝的器物不取样；为尽量避免取样过程中对器物本体形貌造成的影响，在满足分析需要的前提下，取样尽可能的小。

由于特殊的埋藏环境、保存环境和不恰当的处理方式等，这三件铜质文物锈蚀严重，基体矿化严重，纹饰、铭文缺失，器体残缺不全。虽然曾用胶联剂粘接、铜片焊接、石蜡补配，但修复效果不理想，重新出现破损，颜色脱落，因此需再次进行修复。

1. 西汉绹纹双耳铜锅（M1：78-1）

铜锅高 16.2 厘米，口径 26.4 厘米，侈口折沿，口沿上有两个绹纹状立耳，直壁，腹饰凸弦纹一道，圜底。1971 年 12 月 30 日于广西合浦县望牛岭 M1 出土。器身锈蚀严重，表皮有剥落，口沿、腹部有残缺破损，原先残缺部位用环氧树脂粘接，现在颜色已脱落。根据文物实际情况，采用以下步骤进行修复。

①为判断青铜器的内部病害情况，对铜锅进行 X 光探伤检查，可看出铜锅口沿、腹部有粘接修复痕迹，其余大部分的金属基体锈透。经过显微共聚焦激光拉曼光谱仪、X 射线衍射仪的检测，锈蚀为蓝铜矿、赤铜矿、白铅矿、锡石。②用机械法去除器表的泥土、可溶性盐类、表面硬结物、原先环氧树脂修补部位。③口沿、腹部残缺破损，胎体矿化严重，不能焊接，为增加强度，选用铜片补配缺损，环氧树脂粘接补平。④用画笔蘸取矿物颜料上色做旧，与器物原表面颜色衔接。

图 4-5　西汉绹纹双耳铜锅修复前

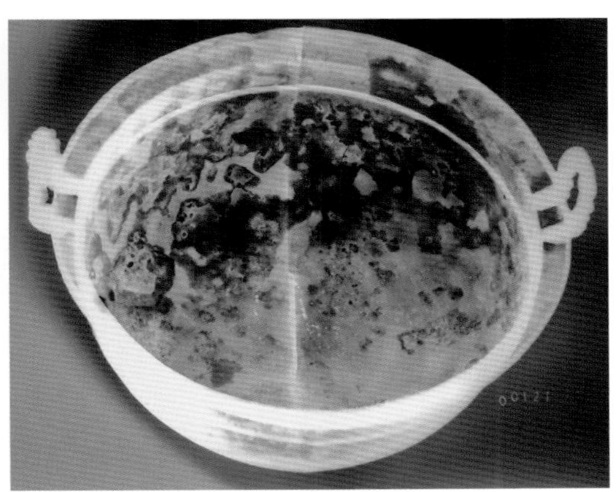

图 4-6　西汉绹纹双耳铜锅 X 光探伤照片

图 4-7　西汉绹纹双耳铜锅清洗，去除原来修复痕迹

图 4-8　铜片补配，环氧树脂粘接

图 4-9　西汉绹纹双耳铜锅修复后

2. 西汉兽环铜盆（M1：27）

铜盆高 15 厘米，口径 36.6 厘米。敞口，口沿外折，口下有兽面衔环一对，腹部饰宽带环一道，平底。1971 年 12 月 30 日于广西合浦县望牛岭 M1 出土。器身锈蚀较重，口沿、腹部残缺，表皮部分剥落，残缺部位原先用铜片焊接修补，着色做旧。根据文物实际情况，采用以下步骤进行修复。

①经过 X 光探伤分析，可清楚看见铜盆腹部、口沿都有焊接修补痕迹，部分锈透无金属基体残留。使用显微共聚焦激光拉曼光谱仪、X 射线衍射仪进行分析检测，锈蚀产物为孔雀石、蓝铜矿、白铅矿、锡石。②去除器表的泥土、可溶性盐类及表面硬结物。③铜盆口沿、腹部残缺面积较大，无纹饰，缺少部分我们选用 1 毫米厚的铜板，根据碴口弧度将铜板塑形，与周边各位置完全吻合后，焊接固定，其余部分用环氧树脂粘接，固化后打磨至表面平滑。④作旧时取相应的颜料、虫胶、酒精调匀，用毛笔蘸取少许颜料依次逐层采用涂、刷、弹、点、拓、喷、蹭等技法进行着色作旧处理，使之与原器物周围同类原色相适应。

图 4-10　西汉兽环铜盆修复前

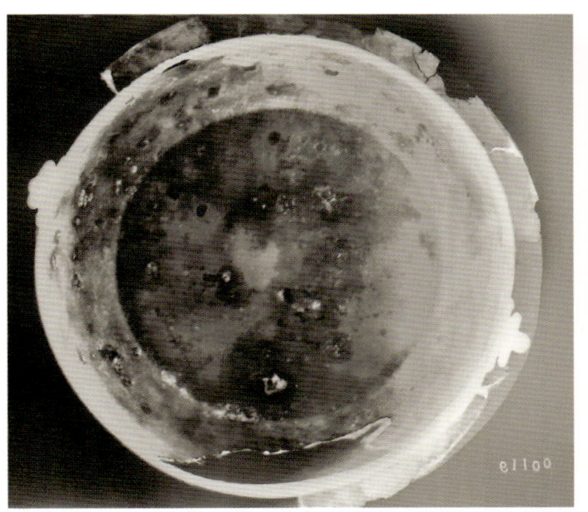

图 4-11　西汉兽环铜盆 X 光探伤分析

图 4-12　西汉兽环铜盆补配、焊接

图 4-13　西汉兽环铜盆修复后

图 4-14　西汉昭明铜镜修复前

3. 西汉昭明铜镜（M1：56）

昭明镜盛行于西汉中晚期，是汉代铭文镜中较为典型的镜种。流行时间长，流行地域广。多数昭明镜铭文内容是“内清质以昭明，光辉象夫日月，心忽扬而愿忠，然雍塞而不泄。”该面昭明镜书体为篆书，镜体轻薄、窄边素缘，铭文因位置不够而有省略，并不完整。

西汉昭明铜镜直径 14 厘米，外缘厚 0.5 厘米，重 109.6 克。圆纽，外缘残留很少，腐蚀严重；内区饰八连弧纹，内缘浅薄；镜子经长时间腐蚀氧化，质地脆弱。铜镜锈蚀少，土垢多，粉化、碎裂、残缺，剩 1/2 的残片。前人通过翻模复制，用蜡作补片，将镜子粘在铝板上，起到衬垫作用。原修补处开裂、脱落、褪色，需进行再次修复。据文物实际情况，采用以下步骤进行修复。

①对文物表面锈蚀样品进行了硝酸银氯离子滴定检测，在锈蚀样品中加入 HNO_3 溶液，充分反应后，再滴加 $AgNO_3$，观察实验无白色沉淀，不含有氯离子。②用手术刀、打磨机、毛刷等工具结合无水乙醇把文物表面上的土垢、硬结物、修复痕迹清除干净。③环氧树脂粘接加固断裂处，待其硬化后，打磨修整。④由于铜镜内缘薄约 1 毫米，质地脆弱，若铸锡修补，补配部位重量过大，连接处易断裂，焊接、粘接都不可行，所以采用环氧树脂制成补片。先用石膏翻制外范，涂刷隔离剂，根据铜镜厚度倒入适量环氧树脂，硬化后打磨、裁剪制成补片，

图 4-15　翻模补配

图 4-16　西汉昭明铜镜修复后

粘补铜镜残缺部位。⑤铜镜表面光滑，上色做旧难度大，使用喷笔、画笔结合丙烯颜料喷涂铜镜表面，做漆皮锈。使用高目数的砂纸、羊毛毡反复多次打磨，修补处细腻光洁，效果好。⑥使用1.5%的B72乙酸乙酯溶液缓释封护，将文物与环境隔离开来。

修复人员根据三件青铜器自身铜质腐蚀程度、有无纹饰选用不同的修复方法。西汉绳耳铜锅矿化严重，不能焊接，为增加强度，选用铜片补配缺损，环氧树脂粘接补平。西汉兽环铜盆口沿、腹部残缺面积较大，无纹饰，将塑形好的铜片与铜盆焊接，其余部分用环氧树脂粘接填平。西汉昭明铜镜残缺破碎，矿化严重，采用环氧树脂制成补片，粘补铜镜残缺部位；铜镜表面光滑平整，上色后需使用高目数的砂纸、羊毛毡反复多次打磨，使修补处细腻光洁，和铜镜表面周围原色相似。

文物的保护修复也是考古工作的一个延续，是对文物原始信息的提取过程，青铜器可以从不同侧面反映它们所处时代的生产力水平、艺术表现形式、制作工艺、铸造技术等。在进行保护修复的同时，还可以进行历史学、考古学、民族学、科技史等方面的学术研究。

（二）望牛岭汉墓及出土文物的科学研究

望牛岭汉墓发现50余年来，以广西文博学者为主力的研究队伍，积极开展望牛岭汉墓及出土文物的相关科学研究，主要分为考古学研究及博物馆学研究两大类。

考古学研究主要包括对望牛岭汉墓的葬制葬俗、墓主身份族属以及出土文物反映的政治、经济、文化和对外关系等方面开展的相关研究。发表于1972年《考古》杂志第5期的《广西合浦西汉木椁墓》，是考古工作人员对望牛岭一号墓科学、及时地开展初步梳理与研究的成果，这一报告也成为日后开展各类研究的基础。

林强的《广西汉代厚葬习俗研究》与富霞的《广西合浦汉墓主人族属及域外文化因素探讨》对望牛岭汉墓的葬俗及墓主人族属、身份等做了进一步的具体探讨，郑君雷的《汉印与岭南汉代史迹》则对望牛岭汉墓主人身份有更明确的指向。蒋廷瑜的《汉代錾刻花纹铜器研究》以出自望牛岭汉墓的多件精美青铜器为主要观察对象，提出汉代錾刻花纹铜器的制作中心和主要产地应在岭南。黄启善的《广西汉代金饼初论》，则以望牛岭汉墓出土的两枚金饼为主，首次展开对广西地区出土的黄金铸币的专门研究。此外，望牛岭汉墓出土的玻璃、玉髓、玛瑙、黄金等珠饰类文物材料，也常见于讨论汉代海上丝绸之路上的中外经济和文化交流的论著中，如黄启善的《广西古代玻璃制品的发现及其研究》，熊昭明、李青会的《广西出土汉代玻璃器的考古学与科技研究》，彭书琳的《合浦汉墓出土的佩饰品》等。涉及对望牛岭汉墓出土材料的运用与研究的相关论著还有非常多，在此不再一一列举（详见附录一）。这些论著均从不同的角度对望牛岭汉墓及其所处时代的方方面面进行了研究，并以此逐步复原出汉代合浦乃至广西地区的社会面貌。此外，由于合浦望牛岭汉墓发掘资料相对完整，墓葬年代明确，出土文物种类之多、器物之精美，也成为周边地区开展相关考古学、历史学研究的参考及断代依据。

博物馆学相关研究则包括针对馆藏望牛岭汉墓出土文物开展的展陈、宣教及文创开发等多方面研究。结合展览，我馆先后出版《瓯骆遗粹》《广西博物馆古陶瓷精粹》《瓯风骆韵》《奇珍异趣：馆藏汉代海上丝绸之路文物》等图书，馆藏望牛岭汉墓出土文物的艺术之美在这些图书中得到细节展现。在宣传教育方面，黄怡的《博物馆展览讲解词的编写艺术——以广西壮族自治区博物馆展览讲解词为例》、梁林的《博物馆幼儿教育功能探微——以广西博物馆铜凤灯教育案例为例》等文章，皆以羽纹铜凤灯为例，在博物馆宣传教育研究领域进行了很好的探索与分析。文化创意产品研发方面，刘静静的《智慧之光——广西合浦汉墓羽纹铜凤灯的艺术风格研究》和潘铭聪、农先文的《合浦羽纹铜凤灯衍生文创设计研究》等文章，也以羽纹铜凤灯为主要研究对象，提出博物馆文化产业、文创设计等过程中所面临的问题与应对之策。

（三）望牛岭汉墓出土文物的展示、宣传与文创开发

出自望牛岭汉墓的羽纹铜凤灯、悬山顶干栏式铜仓、三足铜承盘、龙首柄铜魁、提梁铜壶等高级别精美青铜器，自1971年考古发掘出土后，便入选1972年《中华人民共和国出土文

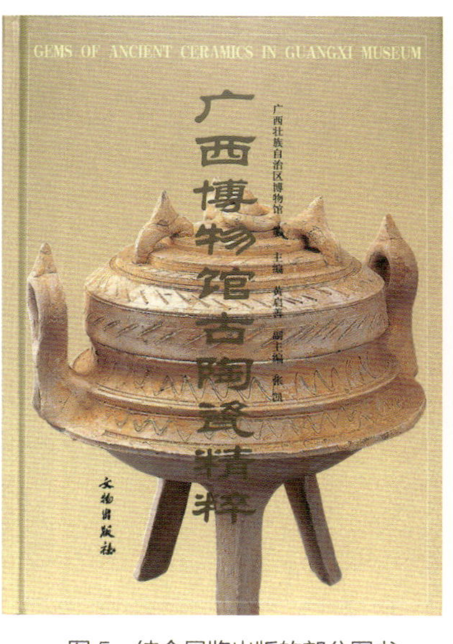

图5 结合展览出版的部分图书

物展》，先后到了日本、罗马尼亚、南斯拉夫、墨西哥、荷兰、比利时、挪威等国展出，可谓名扬四海。之后，望牛岭汉墓出土的文物，在《广西历史文物陈列》（1978）、《瓯骆遗粹——广西百越文化文物陈列》（2010）等固定陈列和《瓯骆印象——广西百越文化文物精品展》（2006）、《中国少数民族文字文物文化系列展——广西篇：瓯骆遗粹》（2011）、《馆藏汉代陶制明器展》（2011）《丝路帆远——海上丝绸之路文物精品九 / 七省（市、区）联展》（2015~2018）、《秦汉文明展》（2018）、《心仪广西六十国宝——广西壮族自治区成立60周年文物博物馆事业成果展》（2018）、《丝路启航——广西汉代海上丝绸之路文物特展》（2019~2022）等重要展览中作为重点文物展出（详见附录二）。2020年起，搭建保护展示中心，以便更科学、更深入地宣传望牛岭汉墓相关文物保护及学术研究成果。

随着博物馆事业的发展，围绕馆藏望牛岭汉墓出土文物的宣传，除传统的展览展示手段外，我们还开展了各类宣传教育活动及多种文创产品开发。2015年以来，以羽纹铜凤灯为重点的宣教活动超过20场次，包括教学课堂、流动博物馆等线下互动和电视、电台合作宣传及新媒体线上直播等形式。同

图6-1　博物馆知识堂活动之《瓯骆探秘》，2015年5月

图 6-2　博物馆知识堂之海丝文化专题

时，开发相关文创产品 30 余种，2015 年以前主要以实物产品为主，2019 年以来，文创产品种类更加多样化，跨界合作与区块链、元宇宙等新技术、新概念在文创产品中的应用日趋广泛。此外，合浦望牛岭汉墓的影响力不仅限于文博范围，随着国家及地区对文化重视程度的不断提升，公共基础设施中也不乏该墓出土文物的元素应用，最著名的当属羽纹铜凤灯。如南宁吴圩国际机场新航站楼“双凤还巢”的设计灵感便是来源于羽纹铜凤灯。2019 年 10 月 1 日，在庆祝中华人民共和国成立 70 周年大会后举行的群众游行活动上，广西彩车“壮美广西”盛装亮相，上面也使用了羽纹铜凤灯的造型。

图 6-3　羽纹铜凤灯系列文创产品

图 6-4 “壮美广西”彩车

肆 附录

附录一　相关研究资料选编

考古学相关研究

图书

1. 蒋廷瑜、彭书琳：《历史的足迹：广西历史时期考古手迹》，广西人民出版社，2006 年。
2. 韩湖初：《合浦——汉代文物谈》，广西师范大学出版社，2011 年。
3. 熊昭明、李青会:《广西出土汉代玻璃器的考古学与科技研究》,文物出版社,2011 年。
4. 陈建军编：《合浦 汉代海上丝绸之路始发港》，广西人民出版社，2017 年。
5. 熊昭明、富霞：《合浦汉墓》，广西科学技术出版社，2019 年。
6. 叶吉旺、李青会、刘琦：《珠光疏影——合浦出土汉代珠饰》，广西美术出版社，2019 年。
7. 中国社会科学院考古研究所等：《汉代海上丝绸之路考古与汉文化》，科学出版社，2019 年。

期刊类

1. 蒋廷瑜：《广西汉代农业考古概述》，《农业考古》1981 年第 2 期。
2. 张先得：《记各地出土的圆形金饼——兼论汉代麟趾金、马蹄金》，《文物》1985 年第 12 期。
3. 覃彩銮：《骆越青铜文化初探》，《广西民族研究》1986 年第 2 期。
4. 黄启善：《广西古代玻璃制品的发现及其研究》，《考古》1988 年第 3 期。
5. 张理萌：《汉代漆器初探》，《故宫博物院院刊》1989 年第 3 期。
6. 蓝日勇：《汉代广西越文化特点简论》，《广西民族研究》1993 年第 3 期。
7. 郑超雄：《关于岭南冶铁业起源的若干问题》，《广西民族研究》1996 年第 3 期。
8. 陈泽泓：《秦汉时期的岭南建筑》，《广东史志》1996 年第 4 期。
9. 黄启善：《广西汉代金饼初论》，《广西金融研究》1997 年第 S1 期。
10. 岳庆平：《汉代岭南农业发展的地域差异》，《史学月刊》2000 年第 4 期。
11. 蒋廷瑜：《广西汉代玻璃器》，《收藏家》2000 年第 10 期。

12. 林强：《岭南汉代夫妻合葬墓有关问题的探讨》，《广西民族研究》2002 年第 1 期。
13. 廖国一、宁金：《广西古代钱币的——考古发现和研究》，《广西金融研究》2002 年第 S2 期。
14. 蒋廷瑜：《汉代錾刻花纹铜器研究》，《考古学报》2002 年第 3 期。
15. 邓家倍：《合浦与徐闻在海上丝路始发港地位与作用比较研究》，《中国地方志》2005 年第 10 期。
16. 覃主元：《汉代合浦港在南海丝绸之路中的特殊地位和作用》，《社会科学战线》2006 年第 1 期。
17. 廖国一：《汉代环北部湾货币流通圈与海上丝绸之路——以环北部湾地区中国与越南汉代墓葬出土钱币为例》，《广西金融研究》2006 年第 S1 期。
18. 陆露、张居英：《西汉合浦港口考辩》，《广西民族研究》2007 年第 1 期。
19. 陈跃：《浅论汉代釭灯》，《文博》2008 年第 6 期。
20. 曲用心：《汉初岭南地区铁器使用的社会机理探析》，《广西民族大学学报》(哲学社会科学版)2009 年第 5 期。
21. 曲用心：《岭南地区出土的西汉中晚期青铜器初探》，《广西社会科学》2009 年第 11 期。
22. 吴伟峰、吴娱：《广西合浦县汉代出土文物与海上丝绸之路》，《福建文博》2012 年第 3 期。
23. 武贞：《瑰丽奇特的汉代釭灯》，《收藏界》2012 年第 4 期。
24. 韦江：《馆藏瓯骆精品文物》，《文物天地》2015 年第 7 期。
25. 韩湖初：《合浦汉墓群 见证汉代的繁荣“海丝”》，《大众考古》2015 年第 7 期。
26. 李世佳：《试论广西汉代“海上丝绸之路”经济带的形成与范围》，《钦州学院学报》2015 年第 10 期。
27. 高崇文：《试论广西地区先秦至汉代考古学文化变迁——兼论汉代合浦的历史地位》，《四川文物》2017 年第 1 期。
28. 南山:《合浦“三汉”遗址存证的海上丝路始发港形态》,《文史春秋》2017 年第 6 期。
29. 王伟昭：《汉代的合浦群、合浦港和合浦关》，《文史春秋》2017 年第 6 期。
30. 彭翠香：《广西汉墓出土钱币种类及摆放位置》，《区域金融研究》2017 年第 9 期。

31. 吴伟峰:《广西合浦汉代出土文物与海上丝绸之路》,《当代广西》2017年第10期。
32. 章新乐:《广西出土五铢钱考辨》,《区域金融研究》2018年第2期。
33. 富霞:《广西合浦汉墓主人族属及域外文化因素探讨》,《中国国家博物馆馆刊》2018年第4期。
34. 何海龙:《两汉时期岭南商品经济发展浅析》,《中国社会经济史研究》2008年第4期。
35. 杨君:《战国秦汉金饼货币类型考略》,《中国国家博物馆馆刊》2018年第11期。
36. 赵德云:《略论外来玻璃器对岭南汉代青铜器的影响》,《考古学研究》2019年。
37. 吴小平:《云贵地区汉墓所出岭南风格器物研究》,《考古学报》,2019年第1期。
38. 许宁宁:《汉代马蹄金与麟趾金考辨——兼论圆形金饼并非麟趾金》,《北方文物》2019年第2期。
39. 蒋廷瑜、彭书琳:《秦汉王朝对环北部湾地区的治理》,《钦州学院学报》2019年第2期。
40. 刘松、吕良波、李青会、熊昭明:《岭南汉墓出土玻璃珠饰与汉代海上丝绸之路中外交流》,《文物保护与考古科学》2019年第4期。
41. 胡嘉麟:《从考古资料看南中国海秦汉时期的文化交流》,《海交史研究》2020年第2期。
42. 周仁琴:《外来饰品在合浦的发现及研究述略》,《文物鉴定与鉴赏》2020年第3期。
43. 周礼靖:《合浦汉墓葬品符号学分析》,《风景名胜》2020年第3期。
44. 谢崇安:《从骆越地区考古发现看汉代海上丝绸之路的黄金流通——骆越文化研究系列之二十五》,《广西社会主义学院学报》2020年第6期。
45. 赵炳林:《汉朝对岭南的经略和开发》,《闽南师范大学学报》(哲学社会科学版)2021年第2期。
46. 王斯宇:《从"丝路启航"展看岭南汉代海上丝绸之路文物》,《收藏》2021年第2期。
47. 吴小平、魏然:《朱提堂狼器考》,《考古学报》2021年第3期。
48. 张翠敏:《大连营城子汉墓出土铜承旋及相关问题研究》,《北方文物》2021年第6期。
49. 崔璨、周晓陆:《考古发现所见两汉琥珀印探述》,《文博》2022年第1期。

论文集

1. 邓家倍：《合浦，中国海上”丝路”最早起点》，《北海文史第十八辑：合浦与海上丝绸之路》，2004 年。

2. 韩湖初：《两汉时期合浦一直是郡治所在——读（后汉书·郡国志）序》，《海上丝绸之路研究：中国·北海合浦海上丝绸之路始发港理论研讨会论文集》，科学出版社，2006 年。

3. 熊昭明、王伟昭：《新中国合浦汉代考古综述》，《海上丝绸之路研究：中国·北海合浦海上丝绸之路始发港理论研讨会论文集》，科学出版社，2006 年。

4. 王戈：《北海古窑址与“海上丝绸之路”的研究》，《海上丝绸之路研究：中国·北海合浦海上丝绸之路始发港理论研讨会论文集》，科学出版社，2006 年。

5. 彭书琳：《合浦汉墓出土的佩饰品》，《海上丝绸之路研究：中国·北海合浦海上丝绸之路始发港理论研讨会论文集》，科学出版社，2006 年。

6. 富霞:《广西合浦出土汉代青铜器的初步研究》,《广西考古文集》第四辑,科学出版社,2010 年。

7. 郑君雷：《汉印与岭南汉代史迹》，《岭南印记：粤港澳考古成果展国际学术研讨会论文集》，香港历史博物馆编，佳特印刷有限公司印刷，2014 年。

8. 黄启善：《广西北部湾地区汉代玻璃制品的研究》，《广西博物馆协会首届学术研讨会暨广西壮族自治区博物馆第七届学术研讨会论文集》,广西人民出版社,2014 年。

9. 周旺、林叶新：《“海上丝绸之路”始发港合浦地区汉代食文化发展初探》，《第四届亚洲食学论坛（2014 西安）论文集》，2014 年。

10. 黄强、陈紫茹：《浅论广西地区两汉时期随葬品的演变》，《广西博物馆文集》，广西人民出版社，2014 年第 2 期。

11. 熊昭明：《汉代合浦港考古述略》，《第三届海上丝绸之路文化遗产保护论坛论文集》，2017 年。

12. 吴伟峰：《汉代的广西文物所反映的海上丝绸之路与文化交融》，《广西文博》，广西人民出版社，2017 年。

博物馆相关研究

图书类

1. 广西壮族自治区博物馆编：《瓯骆遗粹——广西百越文化文物精品集》，中国社会科学出版社，2006 年。
2. 广西壮族自治区博物馆编：《广西博物馆古陶瓷精粹》，文物出版社，2002 年。
3. 广西壮族自治区博物馆编：《瓯风骆韵》，广西教育出版社，2019 年。

期刊类

1. 刘静静:《智慧之光——广西合浦汉墓羽纹铜凤灯的艺术风格研究》,《大观(论坛)》2019 年第 5 期。
2. 梁海涛:《广西少数民族元素在软装设计中的应用研究》,《艺术教育》2017 年 21 期。
3. 吴娱：《馆藏海上丝绸之路精品文物》，《文物天地》2015 年第 7 期。
4. 潘铭聪、农先文：《合浦羽纹铜凤灯衍生文创设计研究》，《中国民族博览》2020 年第 16 期。
5. 胡娟：《基于微笑曲线理论的博物馆文创产品研究——以广西壮族自治区博物馆为例》，《旅游纵览》2021 年第 3 期。

论文集类

1. 黄怡：《博物馆展览讲解词的编写艺术——以广西壮族自治区博物馆展览讲解词为例》，《博物馆致力一个可持续发展的社会——广西博物馆协会第二届学术研讨会暨广西壮族自治区博物馆第八届学术研讨会论文集》,广西科学技术出版社,2015 年。
2. 梁林：《博物馆幼儿教育功能探微——以广西博物馆铜凤灯教育案例为例》，《民博论丛》，广西人民出版社，2018 年。

附录二　展示、宣传与文创开发利用情况表

表一　馆藏望牛岭汉墓出土文物参与的重要展览信息

序号	展览名称	展期
1	中华人民共和国出土文物展览	1972 年
2	中国少数民族文字文物文化系列展——广西篇：瓯骆遗粹	2011 年
3	瓯骆汉风——广西古代陶制明器展	2014 年
4	丝路帆远——海上丝绸之路文物精品九 / 七省（市、区）联展	2015 年至 2018 年
5	瓯骆印象——广西百越文化文物精品展（中华人民共和国成立 59 周年特别展览）	2016 年
6	秦汉文明展	2017 年
7	心仪广西六十国宝——广西壮族自治区成立 60 周年文物博物馆事业成果展	2018 年
8	丝路启航——广西汉代海上丝绸之路文物特展	2019 年至 2022 年

	相关展品	展览地点
	凤凰形灯、三足承盘、龙首柄魁、提梁壶、铜仓等	日本、罗马尼亚、南斯拉夫、墨西哥、荷兰、比利时、挪威等国
	铜仓	中国文字博物馆
	陶屋	香港历史博物馆
	“大”铭金饼等	福建博物院，厦门市博物馆，海南省博物馆，中国（海南）南海博物馆，山东博物馆
	铜凤灯，铜仓，铜灶，铜方匜，方耳陶鼎，陶罐	镇江博物馆
	陶屋，凤灯	美国大都会博物馆，中国国家博物馆
	铜凤灯	南宁市博物馆，桂林博物馆，梧州市博物馆，玉林市博物馆，贵港博物馆，柳州博物馆，广西民族博物馆
	金饼，玻璃串珠，红玉髓串珠，红玉髓戒指，玛瑙串珠，水晶串珠，绿柱石串珠，琥珀串珠，琥珀穿印，金串珠，铜熏炉，陶提筒	上海闵行区博物馆，广州南汉二陵博物馆，玉林市博物馆

表二　馆藏望牛岭出土文物相关宣教信息

序号	时间	名称
1	2015 年	我的秘密博物馆
2	2016 年	博物馆知识堂・海丝文化
		馆长说宝第二期・羽纹铜凤灯
	2017 年	3D 动画《海上丝路南珠宝宝》
		话团圆 颂和谐 喜迎十九大
		瓯骆学堂暑期活动・“小”物件与“大”历史
		海上丝路 海丝遗珍
	2018 年	国宝档案 博物馆奇妙夜
3	2019 年	合浦汉墓
		博物馆奇妙之旅

	平台或场所	所选文物
	馆内青少年活动中心	涂色系列之羽纹铜凤灯
	馆内青少年活动中心	介绍了部分馆藏海丝文物，其中包含了望牛岭出土文物
	微信公众号	
	央视少儿频道	羽纹铜凤灯
	馆微博公众号	
	馆内青少年活动中心	
	中国考古网	
	中央广播电视总台 馆微博公众号	馆藏部分望牛岭一号墓出土文物 羽纹铜凤灯
	考古中的国公众号	馆藏部分望牛岭一号墓出土文物
	南宁热搜榜微博视频号	羽纹铜凤灯

续表

序号	时间	名称
4	2020 年	小桂花之声
		纸上瑰宝
		广西故事・汉墓凤灯 丝路传奇
		丝绸之路周・丝路百馆百物第 9 期
		瓯骆学堂云课堂：《听・说海丝路上的中国宝藏》广西篇
		流动博物馆：主题课堂进校园《认识博物馆》
5	2021 年	旅游广西
		博物馆里的动物们
6	2022 年	中国—东盟文化论坛・文物活化
		你心目中最能代表广西的文物是它吗?

	平台或场所	所选文物
	喜马拉雅	铜凤灯、铺首衔环铜匜
	抖音	羽纹铜凤灯
	广西卫视	馆藏部分望牛岭一号墓出土文物
	中国丝绸博物馆	羽纹铜凤灯
	私家车 930《老夫是个文化人》	馆藏部分望牛岭一号墓出土文物
	桂雅路小学	羽纹铜凤灯
	广西综艺旅游频道	羽纹铜凤灯
	馆微博公众号	羽纹铜凤灯
	东博社	羽纹铜凤灯
	私家车 930	羽纹铜凤灯

表三　馆藏望牛岭出土文物相关文创产品

序号	时间
1	2015 年以前
2	2015 年
3	2016 年
4	2017 年
5	2018 年
6	2019 年
7	2020 年
8	2021 年
9	2022 年

相关文创产品及创意
“瓯骆遗粹”明信片、凤灯钥匙牌、铜凤灯摆件、博山炉摆件、龟钮印镇纸
凤灯购物袋、杯垫、电脑包、梳理包、双肩包、提包（布、竹编、藤编）、对杯、丝巾
凤灯桌旗、抱枕、领带；韩书清设计制作的《中国 2016 亚洲国际集邮展览》小型张铜凤灯邮票
凤灯月饼；3D 动画《海上丝路南珠宝宝》的铜凤灯设定造型
一带一路文物魔方、凤灯月饼、大罐茶、凤灯邀茶（乌龙、绿、红、茉莉花、六堡茶）
国庆广西彩车上的铜凤灯造型
铜凤灯金挂坠
羽纹铜凤灯·DIY 掐丝珐琅画、合浦郡酒的铜凤灯酒瓶设计
铜凤灯：广西博物馆新标识、北海银滩灯塔、南宁机场“双凤还巢”造型：

后记

2020年，望牛岭一号墓保护利用设施建设项目正式立项招标，该项目属于合浦海上丝绸之路申遗重大项目，建设内容包括墓葬保护棚、文物展示厅和停车场等配套设施。为配合海丝申遗工作，我馆也于2020年启动了对馆藏望牛岭汉墓出土文物的资料整理工作，并期望将望牛岭1、2号墓出土的精美文物，以科普性、艺术性为主的图录形式，呈现给读者。

本书是集体劳动的成果，馆内各部门的专业技术人员均不同程度地参与到本书的资料整理、内容编写、摄影及绘图等工作中。全书内容撰写分工如下：第一部分“墓葬概况”“关于2号墓年代讨论”及第二部分“岭南风尚”由黄海荣执笔；第一部分“发掘者访谈”由李世佳、严焕香根据黄启善的访谈音频整理完成；第二部分“海丝瑰宝”由李世佳执笔；第三部分中“望牛岭汉墓出土文物的保护修复”由韦佳媚执笔，其余内容由李世佳执笔；附录表格由严焕香、程璐整理；全书统稿由李世佳负责，书稿内容的终审工作由韦江馆长负责。此外，本书文物基础资料的前期整理由沈婧、黄慧光共同完成；文物照片重拍由黄嵩和、张磊共同完成；部分文物线图由黄嘉晨、李鑫绘制完成；严焕香负责所有图版整理。广西民族大学熊昭明教授对本书的体例及内容选择上提出宝贵意见，广西文物保护与考古研究所蒙长旺研究馆员提供了最新发掘资讯，广西师范大学研究生陆芳芳及广西民族大学研究生魏寅峰、曹雪静、张玉薇协助后期图文校对工作。同时，本书的出版也离不开广西壮族自治区文化和旅游厅、广西壮族自治区文物局等上级领导部门，以及广西文物保护与考古研究所及合浦汉代文化博物馆、合浦县申报海上丝绸之路世界文化遗产中心等兄弟单位的支持与帮助，在此一并致以衷心的感谢！

本书编写时，正值我馆改扩建工作攻坚克难阶段，在肩负改扩建重要任务的同时，也付出了极大的精力兼顾本书相关工作。尽管如此，囿于时间及学识所限，书中难免有错漏及不足之处，敬请读者提出宝贵意见。

编者

2022年7月

馆藏合浦县望牛岭汉墓出土文物图录

Collection of Cultural Relics from Han-period Tombs in Wangniuling, Hepu County